VERÖFFENTLICHUNGEN
DES FORSCHUNGSINSTITUTS FÜR WIRTSCHAFTSPOLITIK
AN DER UNIVERSITÄT MAINZ

Herausgegeben von

Helmut Diederich Werner Zohlnhöfer
Walter Hamm Otto Gandenberger
Hartwig Bartling

Band 47

Das Forschungsinstitut für Wirtschaftspolitik an der Universität Mainz hat ein doppeltes Ziel: Es möchte die Grundlagen der Ordnung der Wirtschaft — Geld, Eigentum und Wettbewerb — untersuchen und hofft, Verbesserungen der geltenden Ordnung vorschlagen zu können. Daneben will das Institut von dem gewonnenen Standpunkt aus zu aktuellen Spezialfragen der Wirtschaftspolitik Stellung nehmen. Es dient weder Interessenten noch Interessentenorganisationen. Die Ergebnisse der wissenschaftlichen Arbeit des Instituts einem breiteren Kreis zugänglich zu machen, ist der Sinn dieser Schriftenreihe.

DIE THESE DER STAATSSCHULDNEUTRALITÄT

Kritische Erörterung unter besonderer Berücksichtigung von Kreditmarktimperfektionen

von

Dr. WERNER GRASSL

DUNCKER & HUMBLOT / BERLIN

CIP-Kurztitelaufnahme der Deutschen Bibliothek

Grassl, Werner:
Die These der Staatsschuldneutralität: krit. Erörterung unter bes. Berücks. von Kreditmarktimperfektionen / von Werner Grassl. — Berlin: Duncker und Humblot, 1984.
(Veröffentlichungen des Forschungsinstituts für Wirtschaftspolitik an der Universität Mainz; Bd. 47)
ISBN 3-428-05729-5

NE: Forschungsinstitut für Wirtschaftspolitik <Mainz>: Veröffentlichungen des Forschungsinstituts ...

Gedruckt 1984 bei Buchdruckerei Bruno Luck, Berlin 65
Printed in Germany

ISBN 3-428-05729-5

Inhaltsverzeichnis

Abkürzungen

Am. Econ. Rev.	=	American Economic Review
Ec. J.	=	Economic Journal
HdF	=	Handbuch der Finanzwissenschaft
J.Econ. Lit.	=	Journal of Economic Literature
J. Mon. Ec.	=	Journal of Monetary Economics
J. Mon. Cred. Bank.	=	Journal of Money, Credit and Banking
J. Pol. Ec.	=	Joural of Political Economics
J. Publ. Ec.	=	Journal of Public Economics
Nat. Tax J.	=	National Tax Journal
Ox. Ec. Pap.	=	Oxford Economic Papers
Quart. J. Ec.	=	Quarterly Journal of Economics
S. Ec. J.	=	Southern Economic Journal

Denn in Wahrheit fahren bei der öffentlichen Anleihe beide Teile besser: Die Schuldner zahlen weniger Zinsen, die Gläubiger streichen sicherere Zinsen ein.

De Viti De Marco, 1932

Einleitung

Kann staatliche Kreditaufnahme im Vergleich zur Steuerfinanzierung öffentlicher Ausgaben ökonomische Wirkungen entfalten und, wenn ja, warum? Dieser wohl überhaupt grundsätzlichsten Frage zur Theorie der Staatsverschuldung geht die vorliegende Arbeit nach. Bereits die klassischen Nationalökonomen, insbesondere David Ricardo[1], beschäftigten sich mit diesem Problem, und gerade in den letzten zwanzig Jahren wird es wieder mit wachsender Intensität diskutiert. Vor allem Barros Aufsatz mit dem bezeichnenden Titel „Are Government Bonds Net Wealth?"[2] stellte die öffentliche Kreditnahme als Finanzierungsinstrument mit eigenständigen ökonomischen Effekten in Frage.

Der Ausgangspunkt für die Diskussion um die Schuldneutralität bzw. die Staatsschuldillusion ist die Frage, ob die Wirtschaftssubjekte im Falle der Kreditfinanzierung öffentlicher Ausgaben Veranlassung haben, mehr zu konsumieren als bei Steuerfinanzierung.

In bestandsgrößenorientierter Betrachtung geht es dabei darum, ob die ausstehenden Staatsschuldtitel von den privaten Wirtschaftssubjekten als Nettovermögen betrachtet werden. Unter dem Blickwinkel des Kapitalmarktes schließlich ist zu fragen, ob die staatliche Kreditaufnahme die beanspruchte Ersparnis selbst generiert.

Alle drei Betrachtungsweisen lassen sich auf die folgende Fragestellung zuspitzen: Ändert sich die ökonomische Position eines Individuums, wenn es, anstatt sofort zu einer Steuer herangezogen zu werden, in allen Folgeperioden Zins- und Tilgungssteuern zu leisten hat? Schon Ricardo zeigte, daß, wenn der Strom der Zins- und Tilgungssteuern

---

[1] Da Ricardo bereits wesentliche Elemente der heutigen Diskussion um die Wirkungen der Staatsverschuldung entwickelt hat, wird dessen Theorie der öffentlichen Kreditnahme im Anhang zu Abschnitt A. I. kurz dargestellt.

[2] Barro, R. J., Are Government Bonds Net Wealth? in: J. Pol. Ec., Vol. 82 (1974), S. 1095—1117

korrekt antizipiert wird, dessen Gegenwartswert genau der alternativ zu erhebenden sofortigen Steuer entspricht. Somit würde sich ein rational handelndes Individuum unter beiden Finanzierungsformen gleich verhalten: Es würde eine dauerhafte Zahlungsverpflichtung in der gleichen Weise als Vermögensverlust interpretieren wie eine sofortige Einmalbesteuerung. Es würde im Fall der Kreditfinanzierung öffentlicher Ausgaben nicht mehr konsumieren als bei Steuerfinanzierung, die Staatsschuldtitel wären nicht dem Vermögen des privaten Sektors zuzurechnen, und die Wirtschaftssubjekte würden ihre Sparquote erhöhen.

Sind der öffentlichen Kreditnahme somit reale Wirkungen abzusprechen? Steht sie damit gleichrangig neben der Steuerfinanzierung? Ist die Schuldneutralität möglicherweise ein Spezialfall der Theorie rationaler Erwartungen, die ja ebenfalls die Neutralität systematischer stabilisierungspolitischer Maßnahmen nachzuweisen versucht? Oder ist die Neutralitätsthese zu verwerfen, etwa weil die Wirtschaftssubjekte einer Staatsschuldillusion unterliegen? Gibt es Gründe, die aus der Sicht der Individuen unterschiedliche Reaktionen auf die beiden Finanzierungsformen rational erscheinen lassen?

Mit all diesen Fragen setzt sich die vorliegende Arbeit auseinander. Dabei wird zunächst die Neutralitätsthese der Staatsverschuldung dargestellt, auf ihre theoretischen Grundlagen zurückgeführt und gezeigt, welche Bedeutung die Frage nach der Neutralität für die konjunkturelle Funktion, für die allokativen und verteilungspolitischen Effekte und für die politische Theorie der Staatsverschuldung hat. Im zweiten Abschnitt werden die Voraussetzungen, unter denen die Neutralitätsthese Gültigkeit hat, herausgearbeitet und einer kritischen Diskussion unterzogen. Eine dieser Voraussetzungen, die Annahme vollkommener Kreditmärkte in einem sehr engen Sinne, wird im nächsten Abschnitt vertieft behandelt. Die Konzentration auf diesen Punkt hat zwei Gründe: Zum einen tritt der Staat mit seiner Kreditnahme aus der Sicht der Individuen zumindest partiell an die Stelle der privaten Kreditnahme und beeinflußt damit die intertemporalen Konsummöglichkeiten der Wirtschaftssubjekte unmittelbar.

Wegen dieser Substitutionsbeziehung zwischen privater und öffentlicher Verschuldung kommt der Annahme bezüglich des Kreditmarktes eine herausgehobene Bedeutung zu. Zum anderen wird in der Literatur gelegentlich behauptet, daß bei Vorliegen unvollkommener Kreditmärkte die staatliche Kreditnahme zu einer gesamtwirtschaftlichen Effizienzsteigerung bzw. zu positiven Vermögenseffekten und damit zu aneutralen Wirkungen im Vergleich zur Steuerfinanzierung führe. Diese Behauptung wird einer eingehenden Prüfung unterzogen. Im letzten Abschnitt schließlich werden aus den vorausgegangenen Überlegungen und Modellergebnissen Konsequenzen hinsichtlich der Beurteilung des Instruments der öffentlichen Kreditnahme gezogen.

A. Die Neutralitätsthese und ihre Bedeutung

I. Darstellung

Sieht man von der Möglichkeit der Geldschöpfungsfinanzierung und von sonstigen „regulären" Einnahmen ab, so steht der Staat bei der Finanzierung seiner Ausgaben vor der Alternative Steuererhebung oder öffentliche Kreditaufnahme. Da bei der Kreditfinanzierung eine Verpflichtung zur Verzinsung und gegebenenfalls Tilgung der aufgenommenen Mittel eingegangen wird, hat diese Finanzierungsform im Gegensatz zur sofortigen Besteuerung unmittelbar bindende Wirkung für die Zukunft. Läßt man die Möglichkeit einer weiteren Kreditfinanzierung der Zins- und Tilgungsverpflichtungen außer acht (vgl. hierzu Abschnitt B. VI), so sind diese durch Besteuerung in den Folgeperioden aufzubringen.

Vor diesem Hintergrund stellt sich die öffentliche Kreditnahme lediglich als eine Veränderung des Zeitpfades der Steuererhebung dar. Der Gegenwartswert der Zins- und Tilgungsteuer zum Zeitpunkt der Staatsausgabe, abdiskontiert zum Anleihezinsfuß, entspricht genau dem Betrag der alternativ zu erhebende einmaligen Steuer, egal wie auch immer die Folgesteuer zeitlich verteilt ist.

Die Neutralitätsthese, bzw. in anderer Formulierung das ricardianische Äquivalenztheorem, behauptet nun, daß für das ökonomische Verhalten der Wirtschaftssubjekte der Zeitpunkt der Besteuerung zur Finanzierung einer öffentlichen Ausgabe unerheblich sei.[1] Da unterstellt wird, daß die Wirtschaftssubjekte ihren ökonomischen Planungen die Gegenwartswerte zukünftiger Erträge und Zahlungsverpflichtungen

---

[1] Neuere Übersichtsaufsätze zur Neutralitätsthese liegen vor von Barro, R. J., Public Debt and Taxes, in: ders., Money, Expectations, and Business Cycles, New York 1981, S. 227—241; Buiter, W. H. / Tobin, J., Debt Neutrality: A Brief Review of Doctrine and Evidence, in: von Furstenberg, G. M. (Hrsg.), Social Security versus Private Saving, Cambridge, Mass. 1979, S. 39—63; Tobin, J., Asset Accumulation and Economic Activity, Oxford 1980, S. 49—72; Holcombe, R. G. / Jackson, J. D. /Zardkoohi, A., The National Debt Controversy, in: Kyklos, Vol. 34 (1981), S. 186—202.

zugrunde legen, bleiben ihre Dispositionen von einem Wechsel in der Finanzierungsform öffentlicher Ausgaben unberührt. Zwar stellen die ausstehenden Staatsschuldtitel in einzelwirtschaftlicher Sicht einen Zinsanspruch wie jedes andere Finanzaktivum dar. Gesamtwirtschaftlich steht diesem Anspruch jedoch immer das Passivum der aggregierten zukünftigen Zinssteuerverpflichtungen gegenüber. Konsequenterweise wird die Konsum-/Sparentscheidung der Individuen nicht davon beeinflußt, ob die öffentlichen Ausgaben durch sofortige Besteuerung oder durch zukünftige Besteuerung mit gleichem Gegenwartswert finanziert werden. Anders gewendet: Das für private Investitionen zur Verfügung stehende Ersparnisangebot wird durch die öffentliche Kreditfinanzierung im Vergleich zur Steuerfinanzierung nicht reduziert.

Die Neutralitätsthese steht somit in krassem Widerspruch zur gängigen Theorie der Staatsverschuldung — eigenständige stabilitäts- oder lastverteilungspolitische Wirkungen können von diesem Instrument nur dann ausgehen, wenn es im Vergleich zur Steuerfinanzierung zu differentiellen Verhaltensänderungen der Wirtschaftssubjekte führt.

Ein substantiell ganz ähnliches Problem wie bei der Staatsverschuldung ergibt sich bei einem Umlage-Rentenversicherungssystem. Durch die Teilnahme an der Rentenversicherung entstehen einerseits Forderungspositionen (in Form eines Rentenanspruchs), die analog zu Staatsanleihen einzelwirtschaftlich als Vermögen betrachtet werden, andererseits stehen dem künftige Zahlungsverpflichtungen in Form von Sozialversicherungsbeiträgen gegenüber. Gesamtwirtschaftlich entsprechen sich Rentenzahlungen und Beitragserhebungen je Periode, so daß kein positiver Vermögenseffekt eintritt. Wenn nun trotzdem in einem System mit Sozialversicherung weniger gespart würde, so läge ein ganz ähnlicher Tatbestand wie Staatsschuldillusion vor — wegen des erwarteten „Sozialversicherungsvermögens"[2] oder „Fictional

[2] Feldstein, M., Social Security and Saving: the Extended Life Cycle Theory, in: Am. Econ. Rev., Papers and Proceedings, Vol. 66 (1976), S. 77.

Wealth[3] wird im Rahmen einer Lebenszyklus-Konsumhypothese differentiell mehr konsumiert.

Die Frage, ob ein staatliches Sozialversicherungssystem die Kapitalbildung beeinträchtigt, wird insbesondere in den Vereinigten Staaten immer noch kontrovers diskutiert.[4] Da die Einführung eines Rentensystems die Ersparnis aber auch über andere Wirkungskanäle beeinflußt, wird dieses Thema nicht weiter verfolgt.

Wie läßt sich das von der Neutralitätsthese postulierte Verhalten der Wirtschaftssubjekte theoretisch begründen? In einem ersten Schritt bietet sich eine kreislauftheoretische Erklärung an. Tätigt der Staat bei gegebenem Sozialprodukt Ausgaben, so muß notgedrungen der Ausgabenspielraum des privaten Sektors zurückgedrängt werden. Kurzfristig sind die Ressourcen beschränkt, daran können auch unterschiedliche Finanzierungsformen nichts ändern. Für die Gültigkeit der Neutralitätsthese ist jedoch entscheidend, ob die Kreditfinanzierung öffentlicher Ausgaben zu einer stärkeren Reduktion der Ersparnis führt als die sofortige Steuerfinanzierung.

Zur Begründung der Äquivalenzthese ist daher auf konsumtheoretische Grundlagen zurückzugreifen. Neutralität oder Nicht-Neutralität der Staatsverschuldung läßt sich jeweils bestimmten Konsumhypothesen zuordnen. Bei der absoluten Einkommenshypothese des Konsums, wie sie in einfachen keynesianischen Modellen angenommen wird, ist der Periodenkonsum nur vom jeweils verfügbaren Einkommen

---

[3] Gultekin, B. N. / Logue, D. E., Social Security and Personal Saving: Survey and New Evidence, in: von Furstenberg, G. M. (Hrsg.), Social Security versus Private Saving, Cambridge, Mass. 1979, S. 66.

[4] Vgl. u. a. Gersovitz, M., Economic Consequences of Unfunded Vested Pension Benefits, in: J. Publ. Ec., Vol. 19 (1982), S. 171—186; Feldstein, M., Social Security, Induced Retirement, and Aggregate Capital Accumulation, in: J. Pol. Ec., Vol. 82 (1974), S. 905—926; Munnell, A. H., The Effect of Social Security on Personal Saving, Cambridge, Mass., 1974; Esposito, L., Effect of Social Security on Saving: Review of Studies Using US Time Series Data, in: Social Security Bulletin, Vol. 41 (1978), S. 9—17, sowie den Sammelband von Furstenberg, G. M. (Hrsg.), Social Security versus Private Saving, Cambridge, Mass. 1979.

abhängig. Offensichtlich gehen bei einer solchen Konsumfunktion Erwartungen höherer Besteuerung in der Zukunft nicht in die Entscheidung ein. Damit würde diese Konsumfunktion zu differentiellem Mehrkonsum im Verschuldungsfall führen und könnte Nicht-Neutralität der Staatsverschuldung begründen.

Die neueren, empirisch relevanteren Konsumhypothesen wie die Lebenszyklushypothese[5] oder die permanente Einkommenshypothese des Konsums[6] berücksichtigen auch Vermögensbestände und gehen damit implizit oder explizit von einem intertemporalen Optimierungskalkül der Wirtschaftssubjekte aus. In eine solche Konsumfunktion müßten somit auch künftige Steuern als Verminderung des Lebens- oder permanenten Einkommens eingehen. Unter den implizit getroffenen Annahmen der Äquivalenzthese (vgl. Abschnitt B. I.) entsprechen sich aus der Sicht der Individuen Steuer- und Anleihefinanzierung. Wenn man von diesen noch zu erörternden Bedingungen ausgeht, wäre differentieller Mehrkonsum im Fall der Kreditfinanzierung ein Verstoß gegen das Rationalitätsaxiom. Ursache für Aneutralität könnte grundsätzlich auf drei Ursachen zurückgeführt werden:

— Die Wirtschaftssubjekte unterschätzen die wegen der Verschuldung auf sie zukommende Zins- und Tilgungssteuerbelastung.
— Die Wirtschaftssubjekte erkennen nicht, daß bei Kreditfinanzierung in der Zukunft zusätzliche Steuern anfallen.
— Die Wirtschaftssubjekte nehmen überhaupt nicht wahr, daß Staatsausgaben kreditfinanziert wurden.[7]

---

[5] Vgl. Modigliani, F. / Brumberg, R. E., Utility Analysis and the Consumption Function: An Interpretation of Cross Section Data, in: Kurihara, K. K. (Hrsg.), Post-Keynesian Economics, Brunswick, N. J. 1954, S. 388—436.

[6] Friedman, M., A Theory of the Consumption Function, Princeton 1957.

[7] Streng genommen kann der letzte Tatbestand nicht als Illusion bezeichnet werden; eine Illusion ist eine Täuschung über den wahren Charakter einer Sache oder eines Vorgangs, in diesem Fall handelt es sich schlicht um Nichtwahrnehmung.

Vgl. zum Illusionsbegriff Cavaco-Silva, A. A., Economic Effects of Public Debt, New York 1977, S. 34—37.

Für die Theorie der Staatsverschuldung ist nun die Frage entscheidend, ob es Faktoren gibt, die differentielles Verhalten der Wirtschaftssubjekte erklären können, bzw. dieses Verhalten rational erscheinen lassen. Diese Faktoren, die an den Voraussetzungen für die Gültigkeit des Äquivalenztheorems anknüpfen, werden im zweiten Abschnitt behandelt. Zunächst ist jedoch zu klären, in welcher Beziehung die These der Staatsschuldneutralität mit der Theorie rationaler Erwartungen steht und welche Bedeutung die Frage nach der Neutralität oder Nicht-Neutralität für die Theorie der Staatsverschuldung hat.

Exkurs: Die Schuldtheorie von David Ricardo

Da sich die gesamte Diskussion bis heute auf Ricardo bezieht, sei dessen Theorie der Staatsverschuldung hier kurz dargestellt.

Ricardo behandelte die staatliche Kreditnahme an zwei Stellen. Zunächst in den 1817 erstmals erschienenen „Principles"[8] und später, 1820, in dem Artikel „Essay on the Funding Systems",[9] der in der Encyclopaedia Britannica veröffentlicht wurde. Am Beispiel der Kriegsfinanzierung untersucht er die Auswirkungen verschiedener Finanzierungsformen.[10] Dabei stellt er zunächst fest, daß die erforderlichen Finanzierungsmittel in jedem Fall „dem produktiven Kapitale der Nation" entzogen würden.[11] Die bei einer Anleihefinanzierung in den folgenden Jahren fälligen Zinsverpflichtungen würden das Land weder reicher noch ärmer machen, denn „Die Million pro Jahr, welche zur Bezahlung der Zinsen dieser Anleihe durch Steuern erhoben wird, geht nur von denen, die sie bezahlen, auf diejenigen über, die sie empfangen, d. h. vom Steuerzahler zum

---

[8] Ricardo, D., On the Principles of Political Economy and Taxation, in: Sraffa, P. (Hrsg.), The Works and Correspondence of David Ricardo, Cambridge 1951, Vol. I, S. 244—249; dt. Übersetzung: Neumark, F. (Hrsg.), Grundsätze der politischen Ökonomie und der Besteuerung, Frankfurt 1972.

[9] Ricardo, D., Funding System, in: Sraffa, P. (Hrsg.), The Works and Correspondence of David Ricardo, Vol. IV, S. 149—200; dt. Übersetzung: Untersuchung über das Anleihesystem in: Diehl, K. / Mombert, P., Das Staatsschuldenproblem, Karlsruhe 1923, S. 95—143.

[10] Ricardo, D., Grundsätze, S. 182, sowie Ricardo, D., Untersuchung, S. 128.

[11] Ricardo, D., Grundsätze, S. 183.

Staatsgläubiger."[12] Dies ist im Grunde der kreislauftheoretische Ansatz zur Begründung der Äquivalenz von Steuer- und Kreditfinanzierung.

Aber Ricardo argumentiert nicht nur makroökonomisch. Er untersucht auch die mikroökonomische Fundierung seiner Äquivalenzaussage. In einem Vergleich, der heute als Differentialanalyse im Sinne von Musgrave[13] zu bezeichnen wäre, behandelt er die Effekte, die die beiden Finanzierungsformen bei rational handelnden Individuen bewirken müßten: Als Alternative zur Anleihefinanzierung mit anschließender, dauerhafter Zinssteuererhebung diskutiert er eine sofortige Besteuerung in voller Höhe des aufzubringenden Betrages:

> „Die Regierung hätte die 20 Millionen auf einmal in der Gestalt von Steuern einfordern können, in welchem Fall es nicht nötig gewesen wäre, alljährlich Steuern im Betrage von einer Million zu erheben. Das würde jedoch die Natur der Transaktion nicht geändert haben. Statt jemanden zur Zahlung von 100 Pfd. pro Jahr aufzufordern, hätte man ihn zwingen können, 2000 Pfd. ein für allemal zu entrichten. Möglicherweise hätte es ihm auch besser gepaßt, sich diese 2000 Pfd. zu leihen und dafür alljährlich 100 Pfd. Zinsen an den Geldgeber zu zahlen, als die größere Summe aus seinen eigenen Mitteln aufzubringen. In dem einen Falle ist es ein privates Übereinkommen zwischen A. und B., im anderen leistet die Regierung dem B. für die Zahlung der Zinsen Gewähr, für die A. ebenfalls aufzukommen hat."[14]

Implizit steht hinter diesem Argument die Vorstellung einer vermögensabhängigen Konsumfunktion. Diese Äquivalenzthese der Steuer- und Kreditfinanzierung bildet aber erst die eine Seite der Theorie der öffentlichen Verschuldung von Ricardo. Er hält diese nämlich für eine eher theoretische Konstruktion. Er war davon überzeugt, daß sich die Wirtschaftssubjekte tatsächlich anders verhalten würden:

> „Aber die Leute, welche die Steuer zahlen, berechnen sie sich nie so genau und richten daher ihre geschäftlichen Angelegenheiten nicht entsprechend ein. Wir sind zu leicht geneigt, die Lasten des Krieges nur im Verhältnis zu dem, was wir im Augenblick an Steuern dafür zu entrichten haben, einzuschätzen, ohne über die mutmaßliche Dauer solcher Steuern nachzudenken."[15]

---

[12] Ebenda.

[13] Musgrave, R. A., Finantheorie, 2. Aufl., Tübingen 1969, S. 159 f.

[14] Ricardo, D., Grundsätze, S. 183.

[15] Ricardo, D., Untersuchung, S. 130.

Die Unterschätzung der aus einer kreditfinanzierten öffentlichen Ausgabe erwachsenden Steuerbelastung, die Staatsschuldillusion, ist für Ricardo der Grund, Anleihefinanzierung generell abzulehnen:

„Es (das Borgsystem, Anm. d. Verf.) ist ein System, das uns weniger haushälterisch zu machen, uns für unsere tatsächliche Lage blind zu machen tendiert."[16]

Die unterschiedliche Merklichkeit der beiden Finanzierungsformen veranlaßt die Individuen nämlich zu differentiell unterschiedlichem Konsumverhalten. Steuern werden nach Ricardo in jedem Fall durch eine Einschränkung der privaten Ausgaben aufgebracht. Dabei ist offensichtlich, daß eine sofortige Besteuerung in voller Höhe der zu finanzierenden Ausgaben einen größeren Konsumverzicht bewirkt als eine Besteuerung nur in Höhe der Zinsen für die Anleihe.[17]

„Die Kriegssteuern sind demnach wirtschaftlicher, denn wenn sie bezahlt sind, wird eine große Anstrengung gemacht, diese ganzen Kriegsausgaben durch Ersparnisse wieder einzubringen, damit das nationale Kapital keine Verminderung erfährt. Im anderen Falle wird die Anstrengung nicht weiter gehen, als bis zu dem Betrag der Zinsen dieser Ausgaben und auf diese Weise wird die Summe des nationalen Vermögens gekürzt."[18]

Da die Individuen tatsächlich aus dem verfügbaren Einkommen konsumieren, verwirft er die Äquivalenzthese und kommt zu dem Ergebnis, daß Kreditfinanzierung zu einer differentiellen Verringerung des Kapitalstocks führt.

Ricardo kann somit als Begründer des Äquivalenztheorems angesehen werden, obwohl er die Nicht-Neutralität der Kreditfinanzierung vertritt.[19]

II. Schuldneutralität und die Theorie der rationalen Erwartungen

Erweist sich die Neutralitätsthese der Staatsverschuldung als gültig, so vermag die öffentliche Kreditnahme keine ei-

---

[16] Ebenda und Ricardo, D., Untersuchung, S. 130.

[17] Ricardo, D., Grundsätze, S. 185 und ders., Untersuchung, S. 130 f.

[18] Ricardo, D., Untersuchung, S. 131.

[19] O'Driscoll, G. P., The Ricardian Nonequivalence Theorem, in: J. Pol. Ec., Vol. 85 (1977), S. 207—210.

genständigen Wirkungen zu entfalten.[20] Da in die Entscheidungen der Wirtschaftssubjekte Erwartungen über künftige Steuern miteingehen, verhalten sie sich genauso wie bei Steuerfinanzierung. Die „rationalen Erwartungen" der Wirtschaftssubjekte verhindern den Erfolg stabilisierungspolitischer Maßnahmen. Hier drängt sich unmittelbar eine Parallele zur Theorie rationaler Erwartungen im Sinne der new classical macroeconomics[21] auf. Auch bei diesem, im Zusammenhang mit der Phillipskurven-Diskussion entwickelten Ansatz führt rationale Erwartungsbildung der Wirtschaftssubjekte zu einer Neutralität staatlicher Wirtschaftspolitik in bezug auf die angestrebten Ziele. Dabei wird versucht, das Scheitern jeglicher staatlicher Stabilisierungspolitik nachzuweisen.

Im Unterschied zur Neutralitätsthese beziehen sich die Erwartungen hier jedoch auf das Preisniveau[22] und nicht auf künftige Steuern. Dennoch wird wegen des gedanklich prinzipiell ähnlichen Ansatzes die Verbindung zwischen Schuldneutralität und rationalen Erwartungen betont, so schreibt z. B. Tobin, die ricardianische Sicht werde „currently revived under the banner of rational expectations."[23]

Es fragt sich nun, ob das Äquivalenztheorem als Ergänzung der Theorie rationaler Erwartungen zu begreifen ist: Rationale Erwartungen bezüglich des Preisniveaus führen

---

[20] Wo sich in der gängigen Theorie der Staatsverschuldung die implizite Annahme der Aneutralität verbirgt, wird in Abschnitt A III. näher behandelt.

[21] Übersichtsartikel zur kaum mehr überschaubaren Flut von Veröffentlichungen aus diesem Bereich: Kantor, B., Rational Expectations and Economic Thought, in: J. Econ. Lit., Vol. 17 (1979), S. 1422—1441; Barro, R. J., The Equilibrium Approach to Business Cycles, in: Barro, R. J. (Hrsg.), Money, Expectations, and Business Cycles, New York 1981, S. 41—78.

[22] Erstmals entwickelt wurde die Theorie rationaler Erwartungsbildung von Muth, J. F., Rational Expectations and the Theory of Price Movements, in: Econometrica, Vol. 29 (1961), S. 315—335; zu den verschiedenen Erwartungsbildungshypothesen vgl. Schlothauer, K.-H., Inflationserwartungen, Hamburg 1981.

[23] Tobin, J., Comment from an Academic Scribbler, in: J. Mon. Ec., Vol. 4 (1978), S. 619; ähnlich Musgrave, R. A., Public Finance, now and then, in: Finanzarchiv, N. F. Bd. 41 (1983) S. 11.

zur Neutralität der Geldpolitik, bezüglich der staatlichen Einnahmeinstrumente zur Neutralität der Fiskalpolitik. Im Ergebnis würden durch die rationalen Erwartungen der Wirtschaftssubjekte jegliche stabilisierungspolitischen Bemühungen des Staates durch Verhaltensänderungen der Privaten konterkariert. Dennoch beruht die Unwirksamkeit der Stabilisierungspolitik in den Modellen der new classical macroeconomics mit rationalen Erwartungen auf einem fundamental anderen Wirkungsmechanismus. Dies wird im folgenden anhand eines vereinfachten Lucas-Sargent-Modells gezeigt.[24] Das Modell beschreibt lediglich den Outputmarkt und setzt sich aus Angebots- und Nachfragefunktion zusammen. Da Preisflexibilität angenommen wird, wird das Gleichgewicht von Angebot und Nachfrage realisiert. Das Modell setzt sich zusammen aus:

(1) $$y^s_t = y_{t-1} + \alpha(p_t - E_{t-1}\, p_t) + u_t$$

(2) $$y^d_t = \beta(M_t - p_t) + (G_t - p_t) + v_t$$

(3) $$y^s_t = y^d_t$$

Dabei bezeichnen in logarithmierter Form:

y^s_t	Outputangebot der Periode t
y_{t-1}	Output der Vorperiode
y^d_t	Outputnachfrage der Periode t
p_t	Preisniveau der Periode t
M_t	Geldmenge der Periode t
G_t	Fiskalimpuls der Periode t
$E_{t-1}\, p_t$	bedingter Erwartungswert des Preisniveaus in t am Ende der Vorperiode
u_t, v_t	normalverteilte exogene Zufallseinflüsse auf Angebot und Nachfrage mit u_t, $v_t = N(0, \sigma^2)$
α, β	positive Parameter

[24] Vgl Neumann, M. J. M., Rationale Erwartungen in Makromodellen, in: Zeitschrift für Wirtschafts- und Sozialwissenschaften, Bd. 99 (1979), S. 371—401.

Das Angebot (1) ist abhängig vom Output der Vorperiode, anstelle von y_{t-1} könnte ebenso ein wie auch immer definierter Normaloutput stehen. Im zweiten Ausdruck der Angebotsfunktion manifestiert sich die Phelps'sche Inselparabel,[25] wonach die Unternehmer mit ihrer Menge nur auf unerwartete Preissteigerungen reagieren.

Üblicherweise wird in den Modellen der new classical macroeconomics die Nachfrage nur als abhängig von der Realkasse angenommen. In unserer Nachfragefunktion (2) geht zusätzlich ein Fiskalparameter G_t ein. G_t steht für kreditfinanzierte Staatsausgaben.

Um nun zu zeigen, daß die Frage der Schuldneutralität für Modelle diesen Typs unerheblich ist, nehmen wir an, daß die privaten Wirtschaftssubjekte ihre Nachfrage nicht wegen künftiger Zinssteuern reduzieren. Das Äquivalenztheorem soll nicht gelten, der Staat kann somit die gesamtwirtschaftliche Nachfrage erhöhen. Diese Annahme wäre zu rechtfertigen, wenn Zins und Tilgung erst von der nächsten Generation erhoben würden und die Wirtschaftssubjekte sich nicht um das Wohl ihrer Nachkommen kümmerten. Wir haben damit den Fall der Nicht-Neutralität, aber nicht in dem Sinne, daß die Wirtschaftssubjekte einer Staatsschuldillusion unterliegen. Eine eigentliche Illusion wäre ja nicht mit rationaler Erwartungsbildung zu vereinbaren.

Die Störterme u_t und v_t sind normalverteilt mit einem Erwartungswert von Null. (3) ist die Gleichgewichtsbedingung, in der die Annahme kontinuierlicher Markträumung zum Ausdruck kommt.

Wird das System aufgelöst, so ergeben sich als Gleichgewichtswerte für das Preisniveau und den Output:

---

[25] Phelps, E. S., The New Microeconomics in Inflation and Employment Theory, in: Am. Econ. Rev., Papers and Proceedings, Vol. 59 (1969), S. 149.

(4) $$p_t = \frac{\beta M_t + \gamma G_t + \alpha E_{t-1} p_t - y_{t-1} + v_t - u_t}{\alpha + \beta + \gamma}$$

und

(5) $$y_t = \frac{(\beta + \gamma)(y_{t-1} - \alpha E_{t-1} p_t + u_t) + \alpha(\beta M_t + \gamma G_t + v_t)}{\alpha + \beta + \gamma}$$

Rationale Wirtschaftssubjekte bilden ihre Preiserwartung modellendogen gemäß Gleichung (4):

(6) $$E_{t-1} p_t = \frac{\beta E_{t-1} M_t + \gamma E_{t-1} G_t - y_{t-1}}{\beta + \gamma}$$

$E_{t-1} M_t$ bzw. $E_{t-1} G_t$ sind die bedingten Erwartungswerte für die wirtschaftspolitischen Instrumentvariablen.

Um das Modell zu schließen, sind Annahmen über das Verhalten der geld- und fiskalpolitischen Instanzen zu treffen. Die Notenbank versucht, zufällige Schwankungen von y auszugleichen, orientiert sich also an u_{t-1} und v_{t-1}:

(7) $$M_t = a_o M_{t-1} + a_1 u_{t-1} + a_2 v_{t-1} + \varepsilon_t$$

$a_o > 0$, $a_1, a_2 < 0$. ε_t ist ein normalverteilter Störterm mit einem Erwartungswert von Null, der die unbeabsichtigten Schwankungen in der Geldversorgung ausdrückt.

Die kreditfinanzierten Staatsausgaben orientieren sich ebenfalls am Niveau der Vorperiode und versuchen, die beobachteten Schwankungen der Nachfrage v_t auszugleichen:

(8) $$G_t = b_o G_{t-1} + b_1 v_{t-1} + \mu_t$$

$$\text{mit } b_o > 0,\ b_1 < 0,\ \mu_t = N(0, \sigma^2)$$

μ_t ist wieder eine normalverteilte Zufallsvariable mit Erwartungswert von Null, die die ungeplanten Ausgabenschwankungen ausdrückt.

Wenn die Wirtschaftssubjekte die stabilitätspolitischen Strategien (7) und (8) kennen, lautet der bedingte Erwartungswert für die Geld- und Fiskalpolitik:

$$(9) \qquad E_{t-1} M_t = a_o M_{t-1} + a_1 u_{t-1} + a_2 v_{t-1} = M_t - \varepsilon_t$$

und

$$(10) \qquad E_{t-1} G_t = b_o G_{t-1} + b_1 v_{t-1} = G_t - \mu_t$$

Bis auf die Störterme werden tatsächliches Geldmengen- und Staatsausgabenwachstum auch erwartet.

(9) und (10) in (6) und (4) ergeben als Lösung für das Preisniveau:

$$(11) \qquad p_t = \frac{1}{\beta + \gamma} (\beta M_t + \gamma G_t - y_{t-t} + \frac{(\beta + \gamma)(v_t - u_t) - \alpha(\beta \varepsilon_t + \gamma \mu_t)}{\alpha + \beta + \gamma})$$

und (9) und (10) in (6) und (5) für das Sozialprodukt:

$$(12) \qquad y_t = y_{t-1} + u_t \frac{\alpha (\beta \varepsilon_t + \gamma \mu_t + v_t - u_t)}{\alpha + \beta + \gamma}$$

Aus Gleichung (12) ist ersichtlich, daß die systematischen Elemente der Stabilisierungspolitik M_t und G_t das Ooutputniveau nicht berühren, lediglich die unbeabsichtigten Elemente ε_t und μ_t beeinflussen die Realgrößen.

Unter dem Gesichtspunkt des Äquivalenztheorems zeigt sich nun auch, daß es für die Ableitung der Ergebnisse der Theorie rationaler Erwartungen im Sinne von Sargent/Lucas gleichgültig ist, ob mit den staatlichen Einnahmeinstrumenten die gesamtwirtschaftliche Nachfrage beeinflußt werden kann. Auch bei Nicht-Neutralität der Staatsverschuldung bleibt das Sozialprodukt von der systematischen Stabilisierungspolitik unberührt. Der Fiskalparameter G_t geht nicht in die Outputgleichung ein, somit stellt sich gar nicht die Frage, ob wegen der staatlichen Kreditnahme die private Nachfrage zurückgenommen wird.

Die Diskussion um die Schuldneutralität bzw. die Staatsschuldillusion beschäftigt sich damit, ob es dem Staat gelingt, via kreditfinanzierter Ausgaben die gesamtwirtschaftliche Nachfrage zu erhöhen. Die Gültigkeit der Neutralitätsthese würde dann weitgehende Untaugleichkeit der Staatsverschuldung zu Stabilisierungszwecken implizieren. In den Modellen der new classical macroeconomics spielt dieses Problem dagegen nur eine untergeordnete Rolle: Die Unwirksamkeit der Stabilisierungspolitik beruht hier nicht darauf, daß der Staat die Nachfrage nicht beeinflussen kann. Vielmehr führen hier Nachfrageänderungen grundsätzlich zu keinen Outputeffekten, sofern diese nur von den Wirtschaftssubjekten antizipiert werden. Anstelle des Fiskalparameters G_t hätte ebensogut irgend eine andere Nachfragegröße, etwa die Exportnachfrage gesetzt werden können — auch diese wirkt sich nur dann auf den Output aus, wenn sie sich unerwartet verändert. Zwar bedingen offenbar in beiden Fällen rationale Antizipationen weitgehend Unwirksamkeit der Stabilisierungspolitik. Dennoch werden von der Struktur der Fragestellung her zwei völlig unterschiedliche Gegenstände behandelt. Rationale Erwartungen bezüglich künftiger Zinssteuern führen zur Wirkungslosigkeit der Staatsverschuldung zu stabilisierungspolitischen Zwecken. Dies schließt jedoch nicht aus, daß andere Instrumente wirksam sind. Vor allem: Die Gültigkeit der Neutralitätsthese schließt dauerhafte, über die natürliche Unterbeschäftigung hinausgehende Arbeitslosigkeit nicht aus.

Anders dagegen bei den rationalen Erwartungen im Sinne der new classical macroeconomics: Die Wirkungslosigkeit jeglicher Stabilisierungspolitik ist hier nicht allein das Ergebnis der zugrundegelegten Erwartungshypothese. Erst in Verbindung mit der Hypothese der natürlichen Arbeitslosigkeit kommt dieses Ergebnis zustande.[26] Diese Hypothese läßt aber einen mehr als vorübergehenden Beschäftigungseinbruch von vornherein gar nicht zu.

Die weitere Erörterung der Theorie rationaler Erwartungen im Sinne der new classical macroeconomics ist nicht Gegenstand dieser Arbeit. Es sei hier lediglich darauf verwiesen, daß das beschriebene Ergebnis nicht in erster Linie auf der zugrundegelegten Erwartungsbildungshypothese beruht. Wenn Beschäftigungsschwankungen nur auf normalverteilte (!) Zufallsstörungen zurückgeführt werden, erscheint es nicht weiter verwunderlich, wenn antizyklische Stabilisierungspolitik wirkungslos bleibt. Damit entsprechen diese Modelle im Grunde einem neoklassischen Gleichgewichtsmodell, in dem an die Stelle der vollkommenen Voraussicht die rationalen Erwartungen treten. Überspitzt formuliert zeigen die new classical macroeconomics, daß in einer Vollbeschäftigungssituation Nachfrageerhöhungen keine realen Wirkungen auslösen.[27] Während für die stabilitätspolitische Wirkungslosigkeit der Staatsverschuldung im Sinne des Äquivalenztheorems die relevante Unterscheidung „volle Antizipation der Zinssteuern oder nicht" ist, gilt bei den new classical macroeconomics Schmidtchens griffige Formel: „Nicht ‚REH (rationale Erwartungshypothese, Anm. d. Verf.) oder nicht', sondern ‚Marktversagen oder nicht' ist die entscheidende Frage."[28]

Zusammenfassend können wir festhalten: Die Unwirksamkeit kreditfinanzierter Stabilisierungspolitik bei rationalen Erwartungen wird auf zweierlei Art begründet, wobei sich die unterstellten Wirkungsmechanismen fundamental unterscheiden.

— Rationale Erwartungen im Sinne einer vollen Antizipation künftiger Zinssteuern (Staatsschuldneutralität) ma-

[26] Schmidtchen, D., Tricks und Täuschungen als Mittel der Wirtschaftspolitik? — Die Sicht der Theorie rationaler Erwartungen — in: Woll, A. (Hrsg.), Aktuelle Wege der Wirtschaftspolitik, Schriften des Vereins für Socialpolitik, N. F. Bd. 130 (1983), S. 121.

[27] Eine eingehende Kritik dieser Modelle findet sich bei Hahn, F., Money and Inflation, Oxford 1982, v. a. Kap. II, S. 34—70.

[28] Schmidtchen, D., S. 121.

chen es dem Staat unmöglich, durch Staatsverschuldung die gesamtwirtschaftliche Nachfrage zu beeinflussen.

— Bei rationalen Erwartungen im Sinne der new classical macroeconomics stellt sich die Frage der Beeinflußbarkeit der Nachfrage nicht — jede erwartete Nachfrageänderung erschöpft sich in einer gleichgerichteten Preisniveauänderung. Mengenreaktionen ergeben sich nur bei unerwarteten Nachfrageänderungen. Dieses Ergebnis resultiert jedoch überwiegend aus der Markträumungs- und Preisflexibilitätsannahme.

Beide Thesen sind mithin völlig voneinander zu trennen. Die Frage nach der Schuldneutralität stellt sich auch dann, wenn von der Annahme rationaler Erwartungsbildung im Sinne der new classical macroeconomics abgegangen wird. Die Staatsschuldneutralitätsthese ist somit sehr viel speziellerer Natur als die Theorie rationaler Erwartungen.

III. Die Bedeutung der Schuldneutralität für die Theorie der Staatsverschuldung

Die wesentlichen Elemente der Theorie der Staatsverschuldung setzen implizit Nichtäquivalenz von Steuer- und Kreditfinanzierung voraus. Die Stabilisierungsfunktion der öffentlichen Kreditnahme, aber auch mögliche Belastungswirkungen stehen und fallen mit der Frage, ob Staatsschuldtitel Nettovermögen darstellen und damit im Fall der Kreditfinanzierung differentiell mehr konsumiert wird als bei Steuerfinanzierung. In der gerade erst in der Entwicklung begriffenen politischen Theorie der Staatsverschuldung spielt der Aspekt der Staatsschuldillusion — möglicherweise in einer etwas modifizierten Interpretation — eine entscheidende Rolle.

1. Schuldneutralität und Stabilisierungsfunktion der Staatsverschuldung

Die wohl bedeutendste Rolle als wirtschaftspolitisches Instrument spielt die Staatsverschuldung in ihrer Stabilisierungsfunktion. Die Stabilisierungsfunktion läßt sich in einer groben Annäherung anhand zweier Modelltypen aufzeigen: kreislauforientierten und bestandsgrößenorientierten.[29] Beide Typen setzen jedoch — wenn auch nicht offengelegt — Nicht-Neutralität voraus. In den kreislauforientierten Modellen verbirgt sich die Annahme der Nicht-Neutralität in der vom verfügbaren Einkommen abhängigen Konsumfunktion, in den bestandsgrößenorientierten Modellen in der Zurechnung des Bestands an Staatsschuldtiteln zum Vermögen des privaten Sektors. Geht man dagegen von der Neutralitätsthese aus, so verliert die Staatsverschuldung ihre Stabilisierungsfunktion: „The argument against a significant wealth effect of public debt issue is also an argument against the efficacy of fiscal policy."[30] Dieser Aussage Barros ist zuzustimmen, wenn man fiscal policy so eng definiert wie Barro. Er bezieht sich lediglich auf die Substitution von Kredit- gegen Steuerfinanzierung bei gegebenem Ausgabevolumen.[31] Danach wären Stabilisierungsstrategien wie Steuersenkungen in der Rezession oder Kreditfinanzierung konjunktureller Defizite dann wirkungslos, wenn sich die Neutralitätsthese als gültig erweist. Äquivalenz von Steuer- und Kreditfinanzierung bedingt Unwirksamkeit einer Politik des deficit without spending, da bei gegebenem Ausgabevolumen ein Wechsel der Finanzierungsform klarerweise keine differentiellen Konsum-

---

[29] Die kreislauforientierten Ansätze bauen auf die IS/LM-Analyse auf, bei den bestandsgrößenorientierten steht die Portfoliozusammensetzung des privaten Sektors im Vordergrund; vgl. Tobin, J., Money, Capital and Other Stores of Value, in: Am. Econ. Rev., Papers and Proceedings, Vol. 51 (1961), S. 26—37; Tobin, J., Grundsätze der Geld- und Staatsschuldenpolitik, Baden-Baden 1978; Tobin, J. / Buiter, W., Fiscal and Monetary Policies, Capital Formation, and Economic Activity, in: von Furstenberg, G. M (Hrsg.), The Government and Capital Formation, Cambridge, Mass. 1980, S. 73—174. Kreislauftheoretische Ansätze mit Berücksichtigung der Budgetrestriktion stellen eine Mischform dar, vgl. etwa Blinder, A. S. / Solow, R. M., Does Fiscal Policy Matter?, in: J. Publ. Ec., Vol. 2 (1973), S. 319—337.

[30] Barro, R. J., Public Debt, S. 239.

[31] Ebenso Stevens, N. A., Government Debt Financing — Its Effects in View of Tax Discounting, in: Federal Reserve Bank of St. Louis Review, Vol. 61 (1979), S. 18.

effekte auslöst. Die durch die Steuersenkung beabsichtigten Kreislaufwirkungen treten nicht ein.

Unter anderem Blickwinkel bedeutet diese Aussage aber auch, daß Staatsverschuldung kein crowding out privater Investitionen auslöst.[32] Träfe die Neutralitätsthese zu, so stünde der erhöhten Kreditnachfrage des Staates über das vermehrte Sparen der Haushalte jeweils ein zusätzliches Angebot in gleicher Höhe gegenüber — der Staat würde mit seinen Kreditwünschen keine potentiellen Investoren vom Kreditmarkt verdrängen.

Die obige Aussage Barros ist jedoch vorsichtig zu interpretieren. Seine Definition von fiscal policy als Steuersenkung bei gleichbleibenden Staatsausgaben stellt lediglich eine Variante nachfrageorientierter Stabilisierungspolitik dar. In dieser Variante werden genau die Differentialwirkungen der Kredit- im Vergleich zur Steuerfinanzierung ausgelöst. Der Begriff fiscal policy beinhaltet aber üblicherweise auch andere Maßnahmen, insbesondere zusätzliche kreditfinanzierte Ausgaben. Damit geraten aber nicht mehr die Differentialwirkungen, sondern Budgetwirkungen ins Blickfeld. Auch bei Gültigkeit der Neutralitätsthese können dann zumindest die öffentlichen Ausgaben reale Wirkungen entfalten. Zumindest der balanced budget Multiplikator würde dann weiterhin wirken.[33] Die Finanzierungsform der zusätzlichen Ausgaben wäre in diesem Fall freilich unerheblich.

Damit kann zunächst festgehalten werden, daß auch bei Gültigkeit der Äquivalenzthese eine kreislauftheoretisch fundierte Stabilitätspolitik immer noch möglich wäre. Die staatliche Kreditaufnahme würde aber ihre besondere Stellung als Finanzierungsinstrument im Rahmen der Stabilitätspolitik verlieren. Zur Finanzierung von konjunkturellen Ausgabeprogrammen würde sie damit gleichrangig neben der Steuerfinanzierung stehen. Expansive Effekte würden ausschließ-

---

[32] Feldstein, M., Government Deficits and Aggregate Demand, in: J. Mon. Ec., Vol. 9 (1982), S. 2; Plosser, Ch. I., Government Financing Decisions and Asset Returns, in J. Mon. Ec., Vol. 9 (1982), S. 326.

[33] Tobin, J., Asset, S. 51.

lich auf die zusätzlichen Ausgaben zurückgehen, während die Kreditfinanzierung die gleichen kontraktiven Wirkungen hätte wie die Besteuerung.

Auch mit dem bestandsgrößenorientierten Ansatz, der auf die Portfoliozusammensetzung des privaten Sektors abstellt, lassen sich expansive Effekte der Kreditfinanzierung nicht ableiten, wenn von der Äquivalenzthese ausgegangen wird. Die Neutralitätsthese impliziert, daß mit der Ausgabe der Staatsschuldtitel zwar ein zusätzliches Aktivum geschaffen wird, gleichzeitig empfinden jedoch die Wirtschaftssubjekte den Gegenwartswert der Zins- und Tilgungssteuerverpflichtungen als zusätzliches Passivum. Die Wirtschaftssubjekte, die diese Verpflichtung korrekt antizipieren, erhöhen deshalb im gleichen Ausmaß ihre Ersparnis. Aus diesem Grund bewirkt die Ausgabe der Staatsschuldtitel keine Erhöhung der Zinsen für finanzielle Aktiva, sofern man wie Tobin vollständige Substituierbarkeit über alle Finanzaktiva annimmt.[34] Da die Wertpapierrendite nicht steigt, kommt es auch nicht zu einem Ansteigen des supply price of capital. Der im Tobin'schen Modell auftretende kontraktive Vermögenssubstitutionseffekt entfällt somit. Aber auch der expansive Vermögensniveaueffekt tritt unter der Neutralitätsannahme nicht auf. Dieser Effekt resultiert aus einer Veränderung des Gesamtrisikos des Portfolios. Wie aber sollte sich das Portfoliorisiko durch die öffentliche Kreditnahme ändern? Bei Gültigkeit des Äquivalenztheorems wird nämlich den zusätzlichen Staatsschuldtiteln genau der gleiche Betrag, die kapitalisierten Zinssteuerverpflichtungen, gegenübergestellt. Unter rein ökonomischen Gesichtspunkten gleicht dieses Passivum das Risiko der korrespondierenden Staatsanleihen aus. Einer inflationsbedingten Entwertung der Staatsschuldtitel würde eine ebenso hohe Verringerung der realen Zinssteuerverpflichtungen gegenüberstehen. Bei Freiheit von Schuldillusion bewirkt also die Änderung der Struktur der Aktiva keine Änderung des Portfoliorisikos, somit besteht auch keine Notwendigkeit, über vermehrte Investitionen wieder ein Portfoliogleichgewicht herbeizuführen.

---

[34] Tobin, J., Grundsätze, S. 45.

Dem könnte entgegengehalten werden, daß das Halten von Staatstiteln nicht nur dem Inflationsrisiko unterliegt. Immerhin wäre es denkbar, daß der Staat zahlungsunfähig wird, die Staatsschuldtitel also für wertlos erklärt. Aber auch wenn diese Möglichkeit berücksichtigt wird, würde sich das gesamte Portfoliorisiko durch zusätzliche staatliche Kreditaufnahme nicht verändern. Mit der Verkündung einer Nichtbedienung der Staatsschuld würde sich notwendig auch die Erhebung einer Zins- und Tilgungssteuer erübrigen. Käme es in einem derartigen Fall des Staatsbankrotts dennoch nicht zu Steuersenkungen, so wäre das als eigenständige Steuererhöhung zu interpretieren, die nun anstelle der Zins- und Tilgungssteuer tritt. Diese Weitererhebung eines gleichen Steuerbetrages stünde dann in keinem sachlichen Zusammenhang mit der Staatsverschuldung.

Eine vollständige Antizipation der Zins- und Tilgungssteuern im Sinne des Äquivalenztheorems würde im Rahmen der portfoliotheoretischen Analyse bedeuten, daß dem Aktivum Staatsanleihe immer das Passivum der erwarteten Steuer gegenübersteht. Da die Privaten die Ersparnis erhöhen, kommt es zu keinen Zinsreaktionen, das Gesamtrisiko ändert sich nicht. Damit besteht aber auch keine Veranlassung, wegen erhöhter Staatsverschuldung zum Risikoausgleich die Realkapitalbildung zu verstärken, ein portfoliotheoretisch fundierter Einsatz der Staatsverschuldung zu Stabilisierungszwecken wäre also bei Gültigkeit der Äquivalenzthese zum Scheitern verurteilt.

2. *Schuldneutralität und intertemporale Verteilungsfunktion der Staatsverschuldung*

Belastungswirkungen der Staatsverschuldung für die Zukunft, oder etwas neutraler ausgedrückt — intertemporale Umverteilungswirkungen der öffentlichen Kreditnahme, werden heute überwiegend in differentiellen Wachstumseinbußen im Vergleich zur Steuerfinanzierung gesehen.[35] Die

---

[35] Vgl. Gandenberger, O., Theorie der öffentlichen Verschuldung, in: HdF, 3. Aufl., Bd. 3, S. 31 f.; der Wachstumsansatz geht zurück auf Musgrave, R. A., Finanztheorie, 2 Aufl., Tübingen 1969, S. 159 und Modigliani, F., Long-Run Implications of Alternative Fiscal Policies and the Burden of the National Debt, in: Ferguson, J. M. (Hrsg.), Public Debt and Future Generations, Chapel Hill 1964,

intertemporale Umverteilungswirkung der Staatsverschuldung vollzieht sich über eine differentielle Verringerung des realen Güterangebots in der Zukunft. Die Mittel zur Finanzierung von Staatsausgaben müssen entweder aus dem Konsum oder der Ersparnis der Privaten aufgebracht werden. Unter der Annahme, daß Steuerfinanzierung überwiegend zu Lasten des Konsums, Kreditfinanzierung dagegen zu Lasten der Ersparnis geht, verringert sich das Potential für Investitionen im Zeitpunkt der öffentlichen Kreditaufnahme. Diese Annahme entspricht offensichtlich der Nicht-Neutralität — die Äquivalenzthese behauptet ja gerade, daß die Konsum-/ Sparentscheidung unabhängig von der Finanzierungsform öffentlicher Ausgaben ist. Unterstellt man dagegen korrekte Antizipation der mit der öffentlichen Kreditnahme verbundenen Zinssteuern, so kommt es nicht zu verringerter Spartätigkeit, verringerten Investitionen und damit differentiellen Wachstumseinbußen. Wird der öffentlichen Kreditnahme wegen der Schuldneutralität die Eignung als stabilisierungspolitisches Instrument abgesprochen, so ist auch zuzugestehen, daß sie in ihren langfristigen Wirkungen unschädlich ist.

Dem ist allerdings noch hinzuzufügen, daß dieses Lastverschiebungskonzept nur unter weiteren, sehr restriktiven Annahmen Gültigkeit hat: Es setzt Vollbeschäftigung und eine geschlossene Wirtschaft voraus. Sobald Unterbeschäftigung, oder auch international integrierte Kapitalmärkte zugelassen werden, ist die öffentliche Kreditnahme auch bei Nicht-Äquivalenz nicht mehr notwendig mit differentiellen Wachstumseinbußen verbunden. Berücksichtigt man den empirischen Gehalt der getroffenen Annahmen, so stellt sich die Frage, ob dieser Ansatz tatsächlich operational ist. Möglicherweise läßt sich vor diesem Hintergrund, insbesondere angesichts hoher Besteuerungsniveaus, eine Rückkehr zur „naiven Sicht" – Zinsausgaben als Indikator für die Belastung durch Staatsverschuldung – rechtfertigen. Freilich wäre dann die „Last" der öffentlichen Kreditnahme nicht im absoluten Betrag der

S. 107—138. Vom sogenannten Nutzenansatz von Buchanan sei hier abgesehen, da dieser wenig operational und zudem in sich widersprüchlich formuliert ist, vgl. Buchanan, J. M., Public Principles; zur Kritik vgl. Shoup, C. S., Debt Financing and Future Generations, in: Ferguson, J. M. (Hrsg.), S. 215 und Gandenberger, O., Ist es möglich, durch die Aufnahme von öffentlichem Kredit die Last einer Ausgabe in die Zukunft zu verschieben?, in: Jahrbücher für Sozialwissenschaft, Bd. 21 (1970), S. 96.

Zinsen auf die Staatsschuld zu sehen, sondern in der differentiellen Minderung des Sozialprodukts, die durch die excess burden der Zinssteuerhebung entsteht. Ein solches Lastkonzept wäre bezüglich der Schuldneutralität invariant: Auch wenn die Haushalte auf Kreditfinanzierung mit einer Reduktion des Konsums reagieren, müssen Zinssteuern erhoben werden und excess burden fällt an.

3. *Staatsschuldillusion und politische Theorie der Staatsverschuldung*

Erkennen die Wirtschaftssubjekte die mit der Staatsverschuldung auf sie zukommenden zusätzlichen Steuerbelastungen nicht, so unterschätzen sie die Opportunitätskosten kreditfinanzierter Ausgaben. Als zunächst rein ökonomische Reaktion konsumieren die Wirtschaftssubjekte im Vergleich zur Steuerfinanzierung differentiell mehr. Handelt es sich dabei um eine Staatsschuldillusion im Wortsinne, so könnte dies auch zu politischen Reaktionen seitens der staatlichen Entscheidungsträger führen — das behauptet jedenfalls die politische Theorie der Staatsverschuldung.[36]

Die Staatsschuldillusion stellt sich demnach als ein Spezialfall der Fiskalillusion dar, wobei unter Fiskalillusion jede systematische Unterschätzung der Opportunitätskosten öffentlicher Leistungen zu verstehen ist.[37] Offensichtlich könnten Politiker, die sich wiederwahlorientiert verhalten, bzw. denen eine popularitätsgesteuerte Wirtschaftspolitik unterstellt wird, versuchen, sich diese Illusion zunutze zu machen. Wenn von den Wählern die Kosten kreditfinanzierter Staatsausgaben

---

[36] Die grundlegenden Werke zur politischen Theorie der Staatsverschuldung sind: Buchanan, J. M. / Wagner, R. E., Democracy in Deficit, New York u. a. 1977; Eklund, R. B. / Crain, W. M., Deficits and Democracy, in: S. Ec. J., Vol. 44 (1978), S. 813—828. Auf bundesrepublikanische Verhältnisse zugeschnitten ist Baum, T. M., Staatsverschuldung und Stabilisierungspolitik in der Demokratie, Frankfurt a. Main 1982.

[37] Pommerehne, W. W. / Schneider, F., Fiscal Illusion, Political Institutions, and Local Public Spending, in: Kyklos, Vol. 31 (1978), S. 381; das Konzept der Fiskalillusion hat bereits eine lange Tradition, vgl. etwa Puviani, A., Theoria dell' Illusione Finanziara, Mailand u. a. 1903, dt. Übersetzung: Die Illusionen in der öffentlichen Finanzwirtschaft, hrsg. v. G. Schmölders, Berlin 1960.

in geringerem Maße wahrgenommen würden als die benefits, hätten die Politiker einen Anreiz, den Staatsanteil kreditfinanziert auszuweiten oder bei gegebenen Staatsausgaben die Steuern zu senken.

Ist die bisher unter rein ökonomischen Gesichtspunkten vorgenommene Unterscheidung in Nicht-Neutralität und Neutralität der Staatsverschuldung gleichzusetzen mit Staatsschuldillusion bzw. Freiheit von Illusion im Sinne der politischen Theorie der Staatsverschuldung? Für Buchanan/Wagner ist die (ökonomische) Nicht-Äquivalenz von Steuer- und Kreditfinanzierung gleichzusetzen mit einer (politisch zu nutzenden) Staatsschuldillusion.[38] U. E. ist jedoch streng zu unterscheiden zwischen der Frage nach der ökonomischen Neutralität und der politischen Illusion. So können Wirtschaftssubjekte die Opportunitätskosten öffentlicher Ausgaben durchaus richtig einschätzen und trotzdem aus einer Reihe von rationalen Gründen (vgl. Abschnitte B und C) im Fall der Kreditfinanzierung mehr konsumieren. Dann wären die ökonomischen Differentialwirkungen der Staatsverschuldung nicht neutral, dennoch wäre keine politisch mißbrauchbare Illusion gegeben. Der umgekehrte Fall, ökonomische Neutralität bei politischer Illusion erscheint dagegen nicht relevant. Eine Gleichsetzung von Nicht-Neutralität mit politischer Mißbrauchbarkeit der Staatsverschuldung ist gleichwohl nicht möglich.

---

[38] Buchanan, J. M. / Wagner, R. E., S. 135—139.

B. Kritische Diskussion der Voraussetzungen für die Äquivalenz von Steuer- und Kreditfinanzierung

I. Überblick

Wurde bisher gezeigt, daß sich bei Äquivalenz von Steuer- und Kreditfinanzierung eine eigenständige Theorie bzw. wirtschaftspolitische Funktionen der Staatsverschuldung erübrigen, so ist im folgenden zu untersuchen, unter welchen Voraussetzungen die Neutralitätsthese Gültigkeit beanspruchen kann. Im Anschluß daran werden diese Bedingungen einer kritischen Betrachtung unterzogen, um den Realitätsgehalt des Äquivalenztheorems zu überprüfen. Das Ziel dieses Abschnittes ist somit auch, Bestimmungsgründe für differentiell unterschiedliches Konsumverhalten unter den beiden Finanzierungsformen zu ermitteln.

Sollen die Differentialwirkungen der beiden Finanzierungsformen auf die Konsum-Sparentscheidung präzise erfaßt werden, so ist die Betrachtung der Alternative „einmalige Besteuerung versus Staatsverschuldung" angebracht. Grundsätzlich könnte zwar auch untersucht werden, welche Konsequenzen mit einer Veränderung der Kreditfinanzierungsquote verbunden sind. Dabei wäre zunächst festzulegen, ob die Kreditfinanzierungsquote am Sozialprodukt oder am Haushaltsvolumen behandelt wird. Eine Quotenbetrachtung wirft aber eine Reihe von Problemen auf: Zinssteuern zur Bedienung des in der Vergangenheit aufgebauten Schuldenstandes wären mitzuberücksichtigen; da sich das Äquivalenztheorem jedoch ausschließlich auf die Antizipation der Zinssteuern der jeweiligen Neuverschuldung bezieht, sind die Zinsen auf den Schuldenstand hier irrelevant.

Um bei einer Quotenbetrachtung präzise Aussagen über den Gegenwartswert der Zinssteuern treffen zu können, müßten darüber hinaus zusätzliche Annahmen getroffen werden. Eine dauerhafte Erhöhung der Kreditfinanzierungsquote am Sozialprodukt ist nämlich ohnehin nur möglich, wenn die

Wachstumsrate des Sozialprodukts den Nettozins der Staatsschuld (Bruttozins abzüglich Steuersatz) übersteigt.[1] Ist diese Bedingung erfüllt, so wäre es im Grenzfall wiederum möglich, daß die Zinsen auf die Staatsschuld gänzlich durch Neuverschuldung gedeckt werden[2] — die Frage nach der Antizipation der Zinssteuer würde sich dann ohnehin nicht stellen. Eine weitere Komplikation ergibt sich daraus, daß bei der Quotenbetrachtung auch das Antizipationsverhalten bezüglich der normalen Steuerfinanzierung zu berücksichtigen ist. Während bei der Einmalbetrachtung die Belastung aus der sofortigen Besteuerung im Betrachtungszeitpunkt bekannt ist und die Antizipation der Zinssteuer untersucht wird, wären für die Quotenbetrachtung zusätzliche Annahmen über die Antizipation der normalen Steuerfinanzierung erforderlich. Darunter würde u. E. die Präzision der getroffenen Aussagen leiden.

Im übrigen wird im politischen Prozeß normalerweise nie eine über mehrere Perioden oder gar dauerhaft anzustrebende Verschuldungsquote festgelegt. Daher erscheint zur Erfassung der Reaktion der Wirtschaftssubjekte die Behandlung der Alternative Besteuerung versus Verschuldung bezogen auf einen Zeitpunkt durchaus gerechtfertigt.[3]

Um die Voraussetzungen für die Äquivalenz von Steuer- und Kreditfinanzierung herauszuarbeiten, ist zunächst die dem Staat zur Verfügung stehende Finanzierungsalternative exakt zu formulieren. Zur Finanzierung von nach Umfang und Struktur gegebenen Ausgaben in Höhe von G stehen dem Staat im Zeitpunkt der Verausgabung die Finanzierungsinstrumente Steuer und Kredit zur Verfügung. Bei einer

---

[1] Mückl, W. J., Ein Beitrag zur Theorie der Staatsverschuldung, in: Finanzarchiv, N. F. Bd. 39 (1981), S. 259.

[2] Ebenda, S. 264.

[3] Eine Quotenbetrachtung ist u. E. dann sinnvoll, wenn in säkularer Betrachtung die Auswirkungen der Kreditfinanzierung auf den Haushaltsspielraum oder die Entwicklung des relativen Schuldenstands untersucht werden, vgl. etwa Domar, E. D., The „Burden of the Debt" and the National Income, in: Am. Econ. Rev., Vol. 34 (1944), S. 798—827; Ziffzer, S., Ökonomische Grenzen der staatlichen Kreditaufnahme, Berlin 1980, S. 116—137; Mückl, W. J.

Bevölkerung von n Wirtschaftssubjekten hätte im Fall der Steuerfinanzierung jedes Wirtschaftssubjekt (bei gleichmäßiger Verteilung der Steuer) sofort einen Betrag von T zu entrichten, wobei $T = \frac{G}{n}$ ist. Bei Kreditfinanzierung würde der Staat zum einheitlichen Zinssatz r den Betrag G aufnehmen. Zur Deckung von Zinsen und gegebenenfalls Tilgung der Staatsschuld hat der Staat in den Folgeperioden Zins- und Tilgungssteuer zu erheben. Prinzipiell ist die Laufzeit der Staatsschuld für die Gültigkeit des Äquivalenztheorems von untergeordneter Bedeutung; wesentlich ist, daß der Barwert von Zins- und Tilgungssteuer, abdiskontiert zum staatlichen Zins r, dem der alternativen sofortigen Steuer entspricht. Erfolgt die Staatsverschuldung in Form einer ewigen Rente, so würde die pro Periode zu entrichtende Steuer genau der Verzinsung der Staatsschuld entsprechen. Die auf das einzelne Wirtschaftssubjekt je Periode entfallende Steuer t wäre dann $t_o = \frac{rG}{n} = \mathrm{r}T$. Ebenso könnte aber gleich in der Folgeperiode die volle Zins- und Tilgungssteuer, dann in Höhe von $t_1 = (1 + r) \frac{G}{n} = (1 + r)\, T$ je Wirtschaftssubjekt erhoben werden.

Allgemein gilt, soll die Staatsschuld bis zur Periode τ gleichmäßig abgebaut werden, daß die hierfür erforderliche Zinssteuer

$$t = \frac{\frac{G}{n}}{\frac{1\,(1 + r)^\tau - 1}{(1 + r)^\tau\, r}} = \frac{T}{\frac{1}{(1 + r)^\tau} \quad \frac{(1 + r)^\tau - 1}{r}}$$

betragen muß. Wird die Zins- und Tilgungssteuer nach dieser Formel erhoben, so entspricht ihr Gegenwartswert, abdiskontiert mit Zins r, offensichtlich dem Steuerbetrag T.

Würde man anstatt der Gleichverteilung sämtlicher Steuern unterschiedliche, etwa progressive Besteuerung annehmen, so müßte sich, um Äquivalenz aus mikroökonomischer Sicht zu ermöglichen, die Zins- und Tilgungssteuer nach dem gleichen Schlüssel verteilen. Dies ist keine notwendige Voraussetzung für die

Neutralität der Staatsverschuldung. Auch wenn die sofortige Besteuerung und die Zinssteuererhebung unterschiedlichen Verteilungsmustern gehorchen, ist makroökonomisch Äquivalenz möglich: Der aggregierte Barwert der Zins- und Tilgungssteuer entspricht immer noch der ursprünglichen Besteuerungssumme. Neutralität der Staatsverschuldung bezüglich des gesamtwirtschaftlichen Konsums ergibt sich jedoch nur mehr dann, wenn alle Wirtschaftssubjekte die gleiche marginale Konsumquote haben. Von diesem Fall wird jedoch im folgenden abgesehen.

Aus der oben präzisierten Finanzierungsalternative können nun die Bedingungen abgeleitet werden, unter denen die Wirtschaftssubjekte den beiden Finanzierungsformen indifferent gegenüberstehen.

1. Die wichtigste und naheliegendste Voraussetzung dafür, daß die Wirtschaftssubjekte die mit der Staatsverschuldung auf sie zukommenden Zins- und Tilgungssteuern in ihren Planungen berücksichtigen, ist, daß sie sich überhaupt bewußt sind, daß und in welcher Höhe zusätzliche Steuern anfallen. Daneben müssen sie dieses Wissen in ihren Konsumplanungen verarbeiten. Daraus ergibt sich die erste Voraussetzung:

   Zins- und Tilgungssteuern werden antizipiert.

2. Berücksichtigt man die Praxis der staatlichen Kreditnahme, so ist festzustellen, daß eine Nettotilgung der Staatsverschuldung so gut wie nie vorkommt.[3a] Für unsere Finanzierungsalternative bedeutet dies, daß der Tilgungszeitpunkt einen sehr hohen Wert annimmt, bzw. gegen unendlich geht. Für die Äquivalenz von Steuer- und Kreditfinanzierung ist es jedoch erforderlich, daß sämtliche in der Zukunft fälligen Zins- und ggf. Tilgungssteuern in den gegenwärtigen Planungen berücksichtigt werden, mit anderen Worten, die Wirtschaftssubjekte handeln mit unendlich langem Zeithorizont. Da die individuellen Lebens-

[3a] So kam es beispielsweise in der Bundesrepublik nur einmal, 1969, zu einem allerdings recht bescheidenen Finanzierungsüberschuß des öffentlichen Gesamthaushalts, also zu einer Nettotilgung, vgl. Sachverständigenrat zur Begutachtung der gesamtwirtschaftlichen Entwicklung, Jahresgutachten 1982/83, Tab. 34, S. 302.

erwartungen endlich sind, läßt sich diese Prämisse nur dann realisieren, wenn die Konsummöglichkeiten der Nachkommen als Argument in die Nutzenfunktion der gegenwärtigen Generation eingehen. Die zweite Voraussetzung lautet somit:

Die Wirtschaftssubjekte verhalten sich so, „als ob" ihr Planungshorizont unendlich wäre.

3. Damit alle Wirtschaftsubjekte tatsächlich auch den auf sie entfallenden Teil der Steuern, seien es Zins- und Tilgungssteuern oder die alternative sofortige Steuer, tragen, ist sicherzustellen, daß Art und Zeitpunkt der Besteuerung keine eigenständigen Substitutionseffekte auslöst. Diese Bedingung ist erfüllt, wenn gilt:

   Alle Steuern sind Pauschalsteuern.

4. Da das Konsumverhalten der Wirtschaftssubjekte nicht ausschließlich von gegenwärtiger oder zukünftiger Besteuerung abhängt, sondern in erster Linie vom Einkommen (bzw. Vermögen), ist für die Neutralität der Finanzierungsform bezüglich des Konsums eine weitere Annahme erforderlich:

   Die Einkommensentwicklung ist unabhängig von der Finanzierungsform öffentlicher Ausgaben.

5. Damit sich der Gegenwartswert von Zins- und Tilgungssteuer mit dem Betrag der alternativen sofortigen Besteuerung deckt, müssen die Wirtschaftssubjekte ihre künftigen Steuerverpflichtungen mit dem staatlichen Zinssatz r abdiskontieren. Dies werden sie dann tun, wenn sie auf dem Kreditmarkt ihre marginale Zeitpräferenzrate (Grenzrate der Substitution zwischen Gegenwarts- und Zukunftskonsum) diesem Zins anpassen können. Anders ausgedrückt bedeutet dies, daß sie ihre Ersparnisse zum Zins r anlegen können oder aber auch sich zu diesem Zinssatz verschulden können. Ohne zunächst auf die Pro-

blematik des Begriffs näher einzugehen, erhalten wir als letzte Voraussetzung:

Die Kreditmärkte sind vollkommen.

Sind diese fünf Voraussetzungen erfüllt, so stellen sich aus der Sicht der Individuen und damit auch gesamtwirtschaftlich Steuer- und Kreditfinanzierung äquivalent dar.[4] Anschließend werden nun die ersten vier Annahmen einer eingehenderen Betrachtung unterzogen. Es bleibt jedoch noch der Fall zu untersuchen, daß man von der hier formulierten Finanzierungsalternative abgeht und eine dauerhafte oder vorübergehende Kreditfinanzierung auch der Staatsschuldzinsen zuläßt. Dabei wird die statische Betrachtung verlassen und auf eine wachsende Wirtschaft übergegangen.

Wegen ihrer zentralen Bedeutung für die Wohlfahrtswirkungen der öffentlichen Kreditnahme wird die Annahme des vollkommenen Kreditmarkts in einem gesonderten Abschnitt ausführlicher behandelt.

II. Unvollkommene Antizipation der Zins- und Tilgungssteuer als Grund für Aneutralität

Eine Berücksichtigung künftiger Zins- und Tilgungssteuern bei der intertemporalen Konsumplanung in der Gegenwart setzt offensichtlich voraus, daß sich die Wirtschaftssubjekte dieser Steuern überhaupt bewußt sind. Während das Äquivalenztheorem davon ausgeht, daß die Wirtschaftssubjekte die mit der öffentlichen Kreditnahme verbundene künftige Besteuerung erkennen, und zwar sofort, ist im folgenden zu untersuchen, unter welchen Umständen diese nicht oder nur

[4] Prinzipiell die gleichen Bedingungen nennen Brennan und Buchanan, wenngleich sie sieben Voraussetzungen anführen. Deren erste beiden Annahmen stecken jedoch lediglich den Analyserahmen ab (Differentialbetrachtung und Finanzierungsalternative). Vgl. Brennan, G. / Buchanan, J. M., The Logic of the Ricardian Equivalence Theorem, in: Finanzarchiv, N. F. Bd. 38 (1980), S. 4—16.

unvollständig in den Planungen berücksichtigt werden. Der Sache nach handelt es sich hierbei um die von Gandenberger unter dem Oberbegriff „Illusions- und Informationsargumente“[5] zusammengefaßten Faktoren. Eine Nicht-Antizipation läßt sich dabei grundsätzlich mit der Art der Informationsgewinnung und -verarbeitung erklären.

Im einfachsten Fall ist hier denkbar, daß die Wirtschaftssubjekte, oder zumindest ein ins Gewicht fallender Teil davon, nicht oder nicht zutreffend wahrnehmen, daß Staatsausgaben in verändertem Umfang kreditfinanziert werden. Konsequenterweise sehen sie daher keine Veranlassung, ihre Konsumpläne der faktisch vorgenommenen Staatsverschuldung anzupassen. Bei gleichem Niveau der öffentlichen Leistungen steigt in der Sicht solcher Individuen das verfügbare Einkommen; sie fühlen sich reicher und konsumieren dementsprechend mehr als bei Steuerfinanzierung der Ausgaben.

Ganz ähnlich gelagert ist der Fall, wenn die Neuverschuldung zwar korrekt wahrgenommen wird, die Wirtschaftssubjekte aber nicht wissen, in welcher Weise diese Finanzierungsform mit zukünftiger Besteuerung verbunden ist. Differentieller Mehrkonsum bei Kreditfinanzierung wäre dann auf eine Staatsschuldillusion im Wortsinn zurückzuführen — die Wirtschaftssubjekte hätten sich über den wahren Charakter der Staatsverschuldung getäuscht. Schuldillusion in diesem Sinne bewirkt jedoch nicht notwendig differentiellen Mehrkonsum. Auch wenn die Wirtschaftssubjekte die tatsächlichen steuerlichen Konsequenzen der Verschuldung nicht kennen, kann die öffentliche Kreditnahme sie zu einer verstärkten Spartätigkeit veranlassen. Dies könnte sogar soweit führen, daß im Falle der Kreditfinanzierung differentiell mehr gespart wird als bei Steuerfinanzierung. Ein mögliches Motiv hierfür wäre etwa die Angst vor dem Erreichen sogenannter Zerrüttungsgrenzen der Staatsverschuldung.[6] Ein solches Ver-

---

[5] Gandenberger, O., Zur Rationalität der öffentlichen Kreditnahme, in: Finanzarchiv, N. F. Bd. 30 (1972), S. 372.

[6] Gandenberger, O., Grenzen der Staatsverschuldung: Theoretische Erkenntnisse und Anwendung auf die Situation in der Bun-

halten ist insbesondere dann nicht von der Hand zu weisen, wenn angesichts bereits hoher Schuldenstände weitere Neuverschuldung geplant wird und dies auch Gegenstand der tagespolitischen Auseinandersetzung wird.

Selbst wenn die Wirtschaftssubjekte den Umfang der öffentlichen Kreditnahme wahrnehmen und wissen, daß diese mit einer Zinssteuererhebung verbunden ist, ist eine Nicht- oder nur teilweise Antizipation dieser Steuern im Zeitpunkt der Verschuldung möglich. Die Zinssteuer wird üblicherweise nicht als solche ausgewiesen, sondern über ein mehr oder weniger unübersichtliches Geflecht von Einzelsteuern erhoben.[7] Daher ist aus der Sicht des einzelnen zunächst nicht oder nur zu sehr hohen Kosten bestimmbar, wie hoch der auf ihn entfallende Anteil an Zinssteuern ist. In der Public Choice Schule wird aus der Komplexität des Steuersystems auf eine verzerrte Wahrnehmung und zwar auf eine Unterschätzung der Opportunitätskosten öffentlicher Ausgaben geschlossen.[8] Diese Fehlwahrnehmung würde verstärkt, wenn die Steuern erst in der Zukunft erhoben werden.[9] Unterliegen die Wirtschaftssubjekte einer solchen Fiskalillusion, so werden sie offensichtlich nicht den vollen Betrag der Zins- und Tilgungssteuer antizipieren. Eine systematische Unterbewertung künftiger Steuern allein aufgrund der Komplexität des Erhebungssystems erscheint zwar plausibel, ist aber durchaus nicht zwingend. Mit der gleichen Begründung könnte ebensogut eine Überbewertung gerechtfertigt werden. Gerade wegen der Unsicherheit würden risikoaverse Individuen den erwarteten zukünftigen Steuern besonderes Ge-

desrepublik Deutschland, in: Beihefte der Konjunkturpolitik, Heft 27, 1980, S. 10.

[7] An dieser Stelle wird von der Pauschalsteuerannahme abgegangen. Die Komplexität des Steuersystems als Argument gegen die Neutralitätsthese ist u. E. sinnvoller unter dem Stichwort Nicht-Antizipation zu behandeln, denn der Schwerpunkt der Argumentation gegen die Pauschalsteuerannahme (in B. IV.) liegt auf den Substitutionseffekten der Besteuerung bei konkreten Besteuerungsformen.

[8] Vgl. Wagner, R. E., Revenue Structure, Fiscal Illusion, and Budgetary Choice, in: Public Choice, Vol. 25 (1976), S. 53.

[9] Vgl. Baum, T. M., S. 40 f.

wicht beimessen und im Endeffekt bei Kreditfinanzierung mehr sparen als bei sofortiger Besteuerung.[10]

Dennoch wäre es denkbar, daß die Wirtschaftssubjekte im Zeitpunkt der Verschuldung sich so verhalten, als ob keine Zinssteuern erhoben würden. Die Gewinnung und Verarbeitung von Informationen über die auf einen selbst zukommenden Steuerverpflichtungen ist mit Kosten verbunden, die mit der Komplexität des Steuersystems zunehmen. Zudem sind die mit der jeweiligen Neuverschuldung verbundenen zusätzlichen Zinssteuern je Periode relativ zum Gesamteinkommen gering zu veranschlagen. Dies gilt zumindest dann, wenn eine Nettotilgung nicht beabsichtigt ist. Die Zinssteuern auf den Schuldenstand sind bekannt, Antizipationen sind also nur bezüglich der Neuverschuldung der jeweiligen Periode zu bilden. Diese Unsicherheit über den vom einzelnen zu tragenden Anteil der Zinssteuer besteht aber nur in der Periode der Verschuldung; in allen Folgeperioden trifft ihn die erhöhte Steuer — die Information über deren Höhe steht dann kostenlos zur Verfügung.[11] Unter diesen Umständen ist es möglich, daß die Grenzkosten der Information die Grenzerträge einer sofortigen Anpassung an die zu erwartende höhere Besteuerung übersteigen. Ein rational handelndes Wirtschaftssubjekt würde dann die Anpassung an das erhöhte Besteuerungsniveau erst in der Periode der Zinssteuererhebung vornehmen. Eine solche verzögerte Anpassung würde natürlich auch differentiellen Mehrkonsum bei Kreditfinanzierung bedeuten. Die Ursache läge aber dann nicht in einem wie auch immer definierten Illusionstatbestand, sondern gerade in einer rationalen Informationsverarbeitung mit Berücksichtigung der Informationskosten. Dieses „als ob" Illusionsverhalten würde dennoch nicht ausschließen, daß die Opportunitätskosten öffentlicher Ausgaben richtig eingeschätzt werden. Die Anpassungen des privaten Sektors finden lediglich eine Periode später statt.

---

[10] Vgl. Barro, R. J., Comment from an Unreconstructed Ricardian, in: J. Mon. Ec., Vol. 4 (1978), S. 572.

[11] Auf den Umstand, daß Staatsschuldillusion allenfalls in der direkten Verschuldungsperiode auftreten kann, weist auch Cavaco-Silva hin. Vgl. Cavaco-Silva, A. A., S. 49.

Wir können somit festhalten, daß einerseits Nicht-Antizipation der Zinssteuern im Zeitpunkt der öffentlichen Kreditnahme nicht notwendig auf irrationales Verhalten oder Staatsschuldillusion zurückzuführen ist. Andererseits ist es zumindest denkbar, daß die Wirtschaftssubjekte auch bei Illusion (im Sinne einer Falsch- oder Nichtwahrnehmung) bezüglich der Zinssteuern sich so verhalten, „als ob" diese antizipiert würden.

Ohne einer empirischen Überprüfung vorgreifen zu wollen, erscheint es u. E. plausibel, daß ein ins Gewicht fallender Teil der Wirtschaftssubjekte bei der Konsumplanung zukünftigen Zinssteuern keine oder nur sehr geringe Bedeutung beimißt. Eine solche Nicht- oder unvollständige Antizipation spräche gegen die Relevanz der Neutralitätsthese.

III. Begrenzter Planungshorizont als Grund für Aneutralität

Stand bisher die Frage, ob die mit der staatlichen Kreditfinanzierung verbundene Zinssteuerbelastung überhaupt wahrgenommen wird, im Mittelpunkt, so ist im folgenden zu prüfen, über welche Zeiträume zukünftige Steuern bei den Planungen berücksichtigt werden. Nimmt man realistischerweise an, daß die staatliche Verschuldung nicht getilgt wird, so beträgt die pro Periode zu entrichtende Zinssteuer rT. Der Gegenwartswert B_0 des Zinssteuerstroms ist nur dann mit dem Betrag der alternativen sofortigen Steuer T identisch, wenn die Diskontierung (zum Zinssatz r) bis zum Tilgungs zeitpunkt τ erfolgt. Für $\tau \to \infty$ ergibt sich dann aus der Barwertformel

$$B_0 = \frac{t}{(1+r)^\tau} \; \frac{(1+r)^\tau - 1}{r} = \frac{t}{r} = \mathrm{T}.$$

Würde dagegen nur über einen kürzeren Zeitraum als bis τ diskontiert, so wäre $B_0 < T$, die öffentliche Kreditnahme wäre im Vergleich zur Steuerfinanzierung mit einem positiven Vermögenseffekt und damit differentiellem Mehrkonsum in der Ausgangsperiode verbunden. Sinngemäß gilt das gleiche auch dann, wenn eine Tilgung zwar vorgenommen wird, dies jedoch erst zu einem über den Planungshorizont der Wirtschaftssubjekte hinausgehenden Zeitpunkt abgeschlossen wird.

Kann nun aus der Tatsache, daß die Lebenshorizonte der Wirtschaftssubjekte begrenzt sind, generell auf positive Vermögenseffekte und damit Nicht-Neutralität der Staatsverschuldung geschlossen werden? Diese Einordnung erscheint als etwas zu vorschnell. Der Vermögenseffekt der Staatsverschuldung beruht im Fall begrenzter Diskontierungszeiträume darauf, daß ein Teil der künftigen Steuern t der Nachwelt überlassen wird. Diese Bereicherung der gegenwärtig lebenden Generation auf Kosten der Nachkommen widerspricht der Tatsache, daß in den meisten Fällen Erbschaften getätigt werden. Wenn Erbschaften geplant werden, so geht offenbar in die Nutzenfunktion der Wirtschaftssubjekte nicht nur der eigene Konsum, sondern auch das Konsumpotential der Nachkommen ein. Durch die staatliche Kreditfinanzierung verändert sich der zeitliche Verlauf der Steuererhebung, der Gegenwartswert sämtlicher Steuern bleibt dagegen unberührt. Somit verändert die Kreditfinanzierung auch die intertemporale Budgetbeschränkung (unter Einschluß der Nachfolgegeneration) nicht. Warum sollte nun bei gleichbleibender Nutzenfunktion das Konsumpotential der Nachfolgegeneration verringert werden? Bei Rationalverhalten würde die durch Staatsverschuldung geschaffene Möglichkeit zu höherem Konsum von der gegenwärtigen Generation nicht genutzt, statt dessen würde Nutzenmaximierung bei Einhaltung der Budgetrestriktion erfordern, daß die Erbschaft genau um den positiven Vermögenseffekt erhöht wird. Der Konsum, bzw. die Konsummöglichkeiten beider Generationen, bleiben von der staatlichen Finanzierungsentscheidung unberührt.

Auf diese Möglichkeit der „Neutralisierung" der Staatsverschuldung durch Erbschaften wies zunächst Walters hin.[12]

[12] Walters, A. A., How to Make a Benefit of the Burden of National Debt, in: Nat. Tax J., Vol. 20 (1967), S. 317.

Formal wurde dieses Argument von Barro[13] ausgearbeitet, allerdings hat von Weizsäcker schon vor dessen Publikation in einem prinzipiell ähnlichen Modell die Neutralität einer zeitlichen Verschiebung der Besteuerung nachgewiesen.[14] Während jedoch der Schwerpunkt bei von Weizsäcker generell auf unterschiedlichen Zeitpfaden der Erhebung von dem Gegenwartswert nach gegebenen Steuern liegt, behandelt Barro speziell die Wirkungen der öffentlichen Kreditnahme in einem einfachen Zwei-Generationenmodell. Dabei arbeitet Barro exakt die Bedingungen heraus, unter denen Wirtschaftssubjekte mit begrenzter Lebenserwartung sich so verhalten, als hätten sie unendliche Zeithorizonte. Er untersucht das Konsum- und Erbschaftsverhalten repräsentativer Individuen, die zwei Perioden leben. Die Generationenfolge ist derart, daß zu jedem Zeitpunkt eine alte und eine junge Generation lebt. Ihre Zwei-Perioden-Budgetbeschränkung ergibt sich zunächst aus Arbeitseinkommen der ersten Periode, aus Erbschaften von der vorausgehenden Generation und aus Zinseinkommen aus in der ersten Periode gebildetem Vermögen. Diese Einkünfte werden aufgeteilt für Konsum in den beiden Perioden und für eine Erbschaft an die wiederum nächste Generation. Entscheidend für das Ergebnis des Modells ist die Nutzenfunktion, in die nicht nur der eigene Konsum der beiden Perioden, sondern auch das für gegebene Ausstattung maximal erreichbare Nutzenniveau der unmittelbar nachfolgenden Generation mit eingeht. Da alle Generationen über solche Nutzenfunktionen verfügen, gehen implizit auch die Nutzen weiter entfernter Generationen in die der gegenwärtigen mit ein.

Wird in einem solchen Zwei-Periodenmodell die Nutzenfunktion unter der Nebenbedingung der Budgetrestriktion maximiert, so ergeben sich die Optimalwerte für den Konsum

---

[13] Barro, R. J., Government Bonds.

[14] von Weizsäcker, C. C., Intergenerationelle Einkommensverteilung: Einfache Beispiele für Wirkungen steuerlicher Maßnahmen und für die optimale Steuerstruktur, in: Bombach, G. / Frey, B. S. / Gahlen, B. (Hrsg.), Neue Aspekte der Verteilungstheorie, Tübingen 1974, S. 216 ff.

beider Perioden und damit auch die Vermögensbildung der ersten Periode, sowie die Erbschaft (Vermögen am Ende der zweiten Periode). In dieses Modell wird nun die Staatsverschuldung eingeführt, mit deren Aufkommen Transfers an die alte Generation geleistet werden. Dabei ist zu beachten, daß diese Transfers nicht als zusätzliche, kreditfinanzierte Ausgaben, sondern als Steuersenkungen und damit differentielle Erhöhung des verfügbaren Einkommens der begünstigten Generation zu interpretieren sind. Vom Konzept der Differentialanalyse wird also nicht abgegangen. Die unmittelbar nachfolgende, zu diesem Zeitpunkt junge Generation hat in der Periode der Verschuldung Zinsen zu zahlen und muß in der nächsten Periode, also im Alter, die Anleihe tilgen. Damit wird der Budgetspielraum, die Konsummöglichkeiten der alten Generation, zu Lasten der jungen erhöht. Alte können ihren Nachfolgern nun eine Schuld hinterlassen. Wenn aber im Fall ohne Staatsverschuldung eine positive Erbschaft geplant war, so wird diese Möglichkeit nicht genutzt. Da die Wirtschaftssubjekte wissen, daß mit der Staatsverschuldung eine Belastung der Nachkommen verbunden ist, werden sie, solange sich ihre Nutzenfunktion nicht verändert, ihre Nettoerbschaft konstant halten, d. h. sie werden ihre Bruttoerbschaft um den Anleihebetrag erhöhen. Da die Erbschaft am Nutzenniveau der Nachkommen orientiert ist, verändert die Staatsverschuldung die Gleichgewichtswerte für Konsum und Nettoerbschaft nicht. Dieses Ergebnis gilt auch dann, wenn die Anleihe erst von irgend einer späteren Generation zu tilgen ist.

Für die Neutralität der Staatsverschuldung muß jedoch eine Reihe von weiteren Bedingungen erfüllt sein. Entscheidend ist, daß von vorneherein positive Erbschaften geplant werden. Randlösungen mit Null-Erbschaften oder gar negative Erbschaften sind ausgeschlossen. Andernfalls würde die staatliche Kreditnahme gerade ermöglichen, den Nachkommen ein negatives Vermögen zu hinterlassen. Ohne die staatliche Verschuldung könnte ein negatives Erbe ja ausgeschlagen werden, der Verpflichtung zur Zins- und Tilgungssteuerzahlung kann sich die Nachfolgegeneration dagegen nicht entziehen. Unter „Erbschaft" ist in diesem Zusammenhang nicht notwendig der Vermögensübergang beim Ableben der jeweils alten Generation zu verstehen; für die Neutralität der Staatsverschuldung reicht es aus, wenn zwischen den Generationen ein effektiver Ressourcentransfer stattfindet. Dieser kann auch die Form von Erziehungs- und Bildungsausgaben für die Kinder annehmen.

Damit die Neutralität der Staatsverschuldung im Generationenmodell gewahrt bleibt, darf die intergenerationelle Verkettung der Nutzenfunktionen nie abreißen. Sobald jedoch Haushalte kinderlos bleiben und bezüglich des Nutzens ihrer Mitbürger indifferent sind, würde diese Verkettung durchbrochen. Das gleiche gilt für Individuen, in deren Nutzenfunktionen das Wohl der Kinder nicht eingeht. Solche Haushalte hätten keine Veranlassung, im Fall der Staatsverschuldung die intergenerationellen Transfers zu erhöhen; sie würden den erhöhten Ausgabenspielraum voll für eigenen Konsum nutzen. Diejenigen Haushalte, die positive Nettoerbschaften planen, sehen damit auf ihre Nachkommen eine vergleichsweise höhere Steuerbelastung zukommen, sie werden die Erbschaften erhöhen und den eigenen Konsum reduzieren. Gesamtwirtschaftlich wird dennoch bei Kreditfinanzierung differentiell mehr konsumiert.[15]

Auch die Festlegung des Erbes muß in einer ganz speziellen Form erfolgen, damit die Äquivalenz von Steuer- und Kreditfinanzierung im Generationenmodell erfüllt wird. Nur wenn tatsächlich das Nutzenniveau der Nachkommen in die Nutzenfunktion des Erblassers eingeht, ist gewährleistet, daß die Nettoerbschaft konstant gehalten wird. Ebenso könnte aber auch angenommen werden, daß anstelle des Nutzenniveaus der Nachkommen direkt die Bruttoerbschaft in die eigene Nutzenfunktion eingeht. Dies wäre etwa dann der Fall, wenn angestrebt wird, bestimmte Vermögensgegenstände, z. B. ein Haus, zu hinterlassen. Solche Wirtschaftssubjekte würden den durch Staatsverschuldung erweiterten Budgetspielraum voll für eigenen Konsum nutzen.

---

[15] Tobin, J., Asset, S. 56.

Gegen eine genau geplante Festlegung der Nettoerbschaft, wie sie von Barro unterstellt wird, spricht auch die Unsicherheit über die Lebenserwartung. Die intertemporale Konsumoptimierung und damit die Festlegung der Erbschaft würde dann nicht mehr exakt über zwei Perioden erfolgen, sondern es wäre der Erwartungswert des Lebensalters zugrunde zu legen. Die faktisch getätigte Erbschaft wäre dann von der Abweichung vom erwarteten Lebensalter abhängig. Zumindest jene Individuen, die länger leben als sie erwartet hatten, würden die durch Staatsverschuldung geschaffenen Konsummöglichkeiten für sich selber nutzen — dies würde wiederum gegen die Äquivalenzthese sprechen. Im übrigen ist zu berücksichtigen, daß für die Neutralität der Staatsverschuldung im Generationenmodell auch die anderen in B. I. genannten Voraussetzungen erfüllt sein müssen.[16] Damit gelten die gewonnenen Aussagen nur in einem sehr restriktiven Rahmen. Auch wenn die einzelnen Generationen über Erbschaften miteinander verknüpft sind, ist Mehrkonsum bei staatlicher Kreditfinanzierung möglich. Aber auch wenn das Modell restriktiv formuliert ist, so zeigt es doch, daß ein begrenzter Lebenshorizont einen faktisch unendlichen Planungshorizont nicht ausschließt. Für das Äquivalenztheorem bedeutet dies, daß der Vermögenseffekt der Staatsverschuldung bei Berücksichtigung eines Erbmotivs tendenziell geringer ausfällt, als wenn alle Wirtschaftssubjekte nur für ihre eigene Lebensdauer planen.

IV. Substitutionseffekte der Besteuerung als Grund für Aneutralität

Während bei den beiden bisher behandelten Voraussetzungen die Gültigkeit des Äquivalenztheorems die Frage, ob und über welchen Zeitraum Zins- und Tilgungssteuern antizipiert

---

[16] Darauf beziehen sich auch die Entgegnungen zu Barros Aufsatz, vgl. Feldstein, M. S., Perceived Wealth in Bonds and Social Security: A Comment, in: J. Pol. Ec., Vol. 84 (1976), S. 331—336, und Buchanan, J. M., Barro on the Ricardian Equivalence Theorem, in: J. Pol. Ec., Vol. 84 (1976), S. 337—342.

werden, im Vordergrund stand, ist nun zu untersuchen, ob nicht von der Art der Steuererhebung eigenständige Effekte auf die Konsum-/Sparentscheidung der Wirtschaftssubjekte ausgehen. Üblicherweise wird bei der Darstellung des Äquivalenztheorems angenommen, daß alle Steuern, sowohl die Zinssteuer als auch die alternative sofortige Steuer als Pauschalsteuer erhoben werden. Mit dieser Annahme sollen eventuelle Steuervermeidungsversuche ausgeschlossen werden; sie soll sicherstellen, daß jedes Wirtschaftssubjekt in gleicher Weise zur Finanzierung der öffentlichen Ausgaben herangezogen wird.

Der Begriff Pauschalbesteuerung beinhaltet, daß von der Steuererhebung keine Substitutionseffekte ausgehen,[17] mithin daß sie allokationsneutral ist. In einer strengen Interpretation, die gerade im vorliegenden Zusammenhang relevant ist, würde dies auch zeitliche Allokationsneutralität mit einschließen. In dieser engen Fassung des Pauschalsteuerbegriffs müßte demnach der Zeitpunkt der Erhebung einer Steuer für das Verhalten der Wirtschaftssubjekte unerheblich sein, wenn nur ihr Gegenwartswert einmal gegeben ist. Nun ist aber die Steuer-Kreditalternative gerade dadurch gekennzeichnet, daß der gleiche Gegenwartswert an Steuern lediglich über unterschiedliche Zeitprofile erhoben wird. Bei der engen Auslegung der Pauschalsteuerannahme können sich somit Steuer- und Kreditfinanzierung in ihren Wirkungen gar nicht unterscheiden — von der Wahl der Finanzierungsform können per definitionem keine differentiellen Konsumeffekte ausgehen. Damit reduziert sich das Äquivalenztheorem auf eine Tautologie — da annahmegemäß vom Zeitpunkt der Besteuerung keine Wirkung auf die Konsum-/Sparentscheidung ausgehen kann, bleibt diese von der Finanzierungsreform der öffentlichen Ausgaben unbeeinflußt.[18]

Um die Äquivalenzthese mit theoretischem Gehalt zu füllen, ist der Pauschalsteuerbegriff also weiter zu fassen in dem

[17] Atkinson, A. B. / Stiglitz, J. E., Lectures on Public Economics, Maidenhead 1980, S. 28.

[18] Brennan, G. / Buchanan, J. M., S. 6.

Sinne, daß es den Wirtschaftssubjekten in der jeweiligen Periode der Steuererhebung nicht möglich ist, sich der Besteuerung in einem ins Gewicht fallenden Umfang zu entziehen. In dieser Interpretation hat die Pauschalsteuerannahme die Funktion, die Analyse der Staatsverschuldung von der Wirkungsanalyse einzelner Steuerarten zu trennen. Begreift man jedoch staatliche Kreditfinanzierung im Gegensatz zur sofortigen Steuerfinanzierung als zeitliche Streckung der Steuererhebung, so läßt sich die Wirkungsanalyse der Staatsverschuldung nicht mehr von der Steuerwirkungslehre trennen. Eine Untersuchung der differentiellen Effekte von Steuer- und Kreditfinanzierung hat den spezifischen Wirkungen einzelner Besteuerungssysteme Rechnung zu tragen.

Tatsächlich existierende Steuern setzen an bestimmten Bemessungsgrundlagen wie Konsum, Einkommen und Vermögen, oder demographischen Merkmalen wie Familienstand oder -größe an. Nutzenmaximierende Individuen werden versuchen, bei Erhebung einer Steuer oder in Erwartung zukünftiger Steuern diese Variablen in der Weise zu verändern, daß die von ihnen zu tragende Steuerlast tendenziell verringert wird. Im folgenden ist nun zu untersuchen, inwieweit durch solche Substitiutionseffekte der Besteuerung die Konsum-/Sparentscheidung der Wirtschaftssubjekte im Fall der Staatsverschuldung beeinflußt wird. Dabei ist zu beachten, daß hierfür auch die Annahme 4., Unabhängigkeit der Einkommensentwicklung von der Finanzierungsform, gelockert werden muß. Da zu den wichtigsten Substitutionseffekten der Besteuerung die Arbeits-/Freizeitaufteilung und die Konsum-/Sparentscheidung gehört, bleibt der Strom der Einkommensbeträge pro Periode davon nicht unberührt. Das Einkommen kann sich ja nur aus Arbeits- oder Vermögenseinkünften, also dem Ertrag früherer Ersparnisse, zusammensetzen. Wenn also die Änderung einer Steuer in der Gegenwart die Ersparnis verändert, so wird damit automatisch die Höhe aller künftigen Einkommen beeinflußt. Umgekehrt kann die Erwartung einer künftigen Steuer das Arbeitsangebot und die Ersparnis, also Höhe und Aufteilung von Gegenwarts- und Zukunftseinkommen verändern.

Die differentiellen Effekte der Staatsverschuldung gegenüber der sofortigen Steuerfinanzierung können gedanklich folgendermaßen erfaßt werden: Eine bestimmte Steuer werde bei gegebenen Staatsausgaben gesenkt, das dadurch entstehende Budgetdefizit wird durch Kredite finanziert. Zur Bedienung der Zinsen wird dafür in Zukunft eine möglicherweise andere Steuerart erhöht. Der durch die Kreditfinanzierung ausgelöste Effekt auf die Ersparnis setzt sich dann zusammen aus den Wirkungen der Steuersenkung und den Wirkungen der erwarteten Steuererhöhung.[19] Wichtig für unsere Überlegung ist, daß die zu senkende Steuer nicht unbedingt die gleiche sein muß wie die in der Zukunft zu erhöhende. Ein Beispiel: In der Gegenwart werde für die laufende Periode die Einkommensteuer gesenkt, um in der Folgeperiode wieder auf ihr altes Niveau zurückzukehren. Zur Bedienung der dabei entstandenen Staatsschuld wird aber eine andere, etwa eine allgemeine Verbrauchsteuer erhöht. Der Gesamteffekt auf die Ersparnis setzt sich nun zusammen aus dem Effekt der einmaligen Einkommensteuersenkung und dem der Erwartung einer Verbrauchsteuererhöhung.

Im folgenden untersuchen wir die Wirkungen der einmaligen Steuersenkung auf die Ersparnis. Wir beschränken uns dabei auf die Effekte einer Einkommensteuer, einer Vermögensteuer und einer allgemeinen Verbrauchsteuer. Bei anderen, beispielsweise der Körperschafts- oder Gewerbesteuer ist die Wirkung auf die Ersparnis auch stark von der technischen Ausgestaltung der jeweiligen Steuer abhängig, so daß die Ergebnisse recht spekulativ würden. Den stärksten Effekt auf die Spartätigkeit dürfte eine lineare Senkung einer allgemeinen Verbrauchsteuer auslösen. Dadurch würden Konsumgüter in der Gegenwart relativ billiger; bei preiselastischer Güternachfrage würde somit der Konsum steigen, die Ersparnis sich verringern. Wenn in der Folgeperiode die Verbrauchsteuer wieder auf ihr ursprüngliches Niveau zurückkehrt, besteht zusätzlich ein Anreiz, Ausgaben

[19] Der gleichen Vorgehensweise folgt auch Cavaco-Silva, A. A., S. 24 f. und S. 40—49.

vorzuziehen, was wiederum dämpfend auf die Ersparnis in der laufenden Periode wirkt.

Schwieriger ist es, die Wirkungen einer einmaligen Einkommensteuersenkung auf die Ersparnis zu bestimmen. Im Gegensatz zur Verbrauchsteuer setzt diese nicht unmittelbar an der Konsum-/Sparentscheidung, sondern an der Einkommensentstehung an. Kurzfristig — und nur darum geht es in diesem Zusammenhang — könnte die Einkommensentstehung über das Arbeitsangebot beeinflußt werden. Ob eine einmalige Einkommensteuersenkung das Sozialprodukt erhöht, hängt einerseits davon ab, ob das Arbeitsangebot in dieser kurzen Frist hinreichend elastisch ist, andererseits, ob die Unternehmen flexibel genug sind, das für eine Periode gestiegene Arbeitsangebot auch zu beschäftigen. Die Tatsache, daß es in der Realität regelmäßig zu Phasen unfreiwilliger Arbeitslosigkeit kommt, deutet darauf hin, daß kurzfristige Erhöhungen des Arbeitsangebots kaum einen Einfluß auf die Höhe des Sozialprodukts ausüben. Sollte es dennoch zu einer angebotsbedingten Einkommenserhöhung kommen, so würde sich die Ersparnis jedoch erhöhen, sofern das zusätzliche Einkommen nicht voll konsumiert wird. Diesem eher unwahrscheinlichen Fall steht aber ein entgegengesetzter Effekt gegenüber: Durch die Steuersenkung erhöht sich das verfügbare Einkommen, bei konstanter marginaler Konsumquote vermindert sich dadurch die gesamtwirtschaftliche Ersparnis im Sinne eines Konsumverzichts in der Gegenwart. Allerdings ist auch hier unsicher, ob solche transitorischen Erhöhungen des verfügbaren Einkommens tatsächlich konsumiert werden.[20] Wegen dieser unwägbaren, gegenläufigen Effekte gehen wir davon aus, daß eine einmalige Einkommensteuersenkung bezüglich der Ersparnis neutral wirkt.

Eine einmalige Vermögensteuersenkung dürfte kaum Substitutionseffekte auslösen. Die Bemessungsgrundlage, das Vermögen, stellt ja das Ergebnis vergangener Spartätigkeit

---

[20] Nach der permanenten Einkommenshypothese des Konsums führen transitorische Einkommenserhöhungen nicht zu einer Konsumerhöhung, vgl. Friedman, M., A Theory of the Consumption Function, Princeton, 1975, S. 26 f.

dar und kann somit kurzfristig nicht beeinflußt werden. Da andererseits die Steuer in der Folgeperiode wieder ihr ursprüngliches Niveau erreicht, besteht auch kein Anreiz, aus steuerlichen Gründen mehr Vermögen zu bilden, d. h. zu sparen. Aber auch hier kommt es zu der steuerbedingten Erhöhung des verfügbaren Einkommens mit der möglichen Folge einer Verringerung der gesamtwirtschaftlichen Ersparnis. Zusammenfassend können wir festhalten, daß die Wirkungen einmaliger Steuersenkung auf die Ersparnis relativ unsicher sind, tendenziell jedoch eher mehr konsumiert wird.

Wie verändert sich nun die Ersparnis in der Gegenwart, wenn für die Zukunft mit einer dauerhaften Erhöhung bestimmter Steuern gerechnet wird? Die Erwartung der Erhöhung einer allgemeinen Verbrauchsteuer verringert den Preis von Gegenwartsgütern relativ zu Zukunftsgütern. Es entsteht ein Anreiz, Konsumausgaben vorzuziehen. Dies bedeutet, daß in der Gegenwart weniger gespart wird als wenn die Steuer nicht erhöht würde. Auch die Erwartung einer Einkommensteuer- oder Vermögensteuererhöhung wirkt dämpfend auf die Ersparnis in der Gegenwart. Vom heutigen Standpunkt aus kann das zukünftige Einkommen (bei gegebenem Humankapital) nur über die Spartätigkeit beeinflußt werden. Künftige Einkommen- oder Vermögensteuererhöhungen verringern jedoch die erwartete Ertragsrate des Vermögens. Dadurch verringert sich tendenziell der Anreiz, Vermögen zu bilden, also zu sparen. Im Gegensatz zur einmaligen Steuersenkung bewirkt die Erwartung einer Erhöhung aller drei untersuchten Steuerarten eindeutig eine Verringerung der Spartätigkeit in der Gegenwart. Das bedeutet, daß, selbst wenn die Wirtschaftssubjekte im Zeitpunkt der Staatsverschuldung noch nicht wissen, welche Steuer zur Bedienung der Zinsen erhöht wird, tendenziell die Ersparnis verringert wird.

Die Ergebnisse dieser Überlegungen sind noch einmal in Abb. 1 zusammengefaßt. In den Feldern der Matrix wird der Gesamteffekt der jeweiligen Operation auf die Ersparnis dargestellt. Das Symbol auf der jeweils linken Seite zeigt die Wirkung der einmaligen Steuersenkung, das auf der rechten die Wirkung der Steuererhöhungserwartung. Insgesamt zeigt sich, daß jede Kreditoperation die Spartätigkeit tendenziell verringert, allerdings unterschiedlich stark, je nach gewählter Steuerkonstruktion.

Abbildung 1

Steuererhöhung in der Zukunft → / Steuersenkung in der Gegenwart ↓	allgemeine Verbrauchsteuer	Einkommensteuer	Vermögensteuer
allgemeine Verbrauchsteuer	– –	– –	– –
Einkommensteuer	o –	o –	o –
Vermögensteuer	o oder – –	o oder – –	o oder – –

– Verringerung der Ersparnis
o kein Effekt auf Ersparnis

Der ganzen vorangegangenen Argumentation könnte nun entgegengehalten werden, daß diese Steuerausweichreaktionen keinen Sinn ergäben, da der Gesamtbetrag aufzubringender Steuern vorgegeben sei; die Substitutionsreaktionen würden nur zu höheren Steuersätzen und damit noch größeren Wohlfahrtsverlusten führen. Wenn kein Individuum versuchen würde, sich der Besteuerung zu entziehen, würden die Steuern wie Pauschalsteuern wirken und eine geringere Zusatzlast (excess burden) entstehen. In der Form ist dieses Argument zwar zutreffend, aber aus der Sicht des Einzelnen sind die Substitutionsreaktionen auf die einzelnen Steuern dennoch sinnvoll. Wie Brennan/Buchanan zeigen, befindet sich der Einzelne in einer Art „Gefangenendilemma"[21]: Er ist sich bewußt, daß, wenn sich alle „richtig" verhalten in dem Sinne, daß auf die Steuer nicht reagiert wird, eine geringere Wohlfahrtseinbuße eintritt. Dennoch kann er seinen individuellen Nutzen erhöhen, wenn er der Steuer auszuweichen versucht. Im übrigen gilt dieses Argument für jegliche Substitutionseffekte der Besteuerung.

Zusammenfassung: Läßt man die — in einer strengen Interpretation ohnehin unsinnige — Annahme der Pauschalbesteuerung fallen, so zeigt sich, daß im Falle der Kreditfinanzierung differentiell weniger gespart wird als bei Steuerfinanzierung. Dieses Ergebnis resultiert aus der Berücksichtigung der mit realistischen Besteuerungsformen verbundenen Substitutionseffekte.

V. Einkommenswirkungen der Finanzierungsform öffentlicher Ausgaben als Grund für Aneutralität

Bereits bei der im vorangegangenen Abschnitt behandelten Voraussetzung der Pauschalbesteuerung wurde von der Annahme einer exogen gegebenen Einkommensentwicklung abgegangen. Werden realistische Besteuerungssysteme betrachtet, dann beeinflußt der Zeitpunkt der Besteuerung die Arbeits-/Freizeitentscheidung sowie die Konsum-/Sparentscheidung und damit auch den Strom künftiger Einkommen. Neben diesen, auf der mikroökonomischen Ebene angesiedelten Wirkungen der öffentlichen Kreditnahme auf die Einkommensentwicklung sind jedoch auch mögliche makroökonomische Effekte zu berücksichtigen.

Die Problematik der hier zu behandelnden Annahme ist ähnlich gelagert wie bei der Annahme der Pauschalbesteuerung. In beiden Fällen ist das abzuleitende Ergebnis implizit in der Annahme enthalten — das eine Mal die allokative Neutralität, das andere Mal die makroökonomische Neutralität der Staatsverschuldung im Vergleich zur sofortigen

---

[21] Brennan, G. / Buchanan, J. M., S. 11.

Steuerfinanzierung. Wenn aber das Äquivalenztheorem nur unter Zuhilfenahme solcher Annahmen abzuleiten ist, so hat es keinen wissenschaftlichen Wert, da es in dieser Formulierung nicht falsifizierbar ist.

Die Annahme einer von der Finanzierungsform unabhängigen Einkommensentwicklung steht offenbar im Widerspruch zur gängigen Theorie der Staatsverschuldung. So beruht ja die stabilitätspolitische Funktion der öffentlichen Kreditnahme gerade darauf, eine Einkommensexpansion zu bewirken. Andererseits vollzieht sich die intertemporale Umverteilung oder Lastverschiebung durch Staatsverschuldung über differentielle Einkommenseinbußen in der Zukunft. Freilich setzen diese Funktionen der öffentlichen Kreditnahme bereits Nicht-Neutralität voraus (vgl. Abschnitt A. III. 1. und A. III. 2.). Daher ist im folgenden zu prüfen, ob aus der Sicht der Individuen unter bestimmten Umständen differentieller Mehrkonsum bei Kreditfinanzierung mit Rationalverhalten vereinbar ist, wenn von der Annahme einer exogenen Einkommensentwicklung abgegangen wird.

Geht man von einer ungleichgewichtigen Situation aus, in der das gesamtwirtschaftliche Angebot die Nachfrage übersteigt, so haben nachfragepolitische Maßnahmen des Staates gute Chancen, zur Wiederherstellung der Vollbeschäftigung beizutragen. In einer solchen keynesianischen, nachfragerestringierten Ausgangslage mit freien Kapazitätsreserven können nennenswerte Verdrängungswirkungen der staatlichen Kreditnahme ausgeschlossen werden. Sind sich die Wirtschaftssubjekte der Ursachen einer solchen Rezession bewußt, so haben sie keinen rationalen Grund, auf die staatlichen Stabilisierungsmaßnahmen mit einer Verringerung der privaten Ausgaben zu reagieren. Auch wenn sie sich der mit der öffentlichen Verschuldung verbundenen Zinssteuer bewußt sind, wird dieser negative Vermögenseffekt überkompensiert durch die Erwartung steigender Einkommen. Die Zinssteuern können aus dem gestiegenen Einkommen aufgebracht werden, so daß insgesamt durch die Staatsverschuldung dennoch ein positiver Vermögenseffekt bewirkt wird.

Dieses Ergebnis mutet etwas paradox an: Weil die Wirtschaftssubjekte auf die Wirksamkeit der Fiskalpolitik vertrauen, reagieren sie nicht mit einer Verringerung ihrer Ausgaben. Gerade dadurch wird die Stabilisierungspolitik wirksam. Würden sie nicht an eine Einkommensexpansion glauben, so würden sie auf die Staatsverschuldung mit einer Erhöhung der Ersparnis reagieren — das mangelnde Vertrauen in die Politik reproduziert sich selbst. Beide Erwartungsmuster können somit als „rational" eingestuft werden — welches Ergebnis die Wirtschaftssubjekte auch erwarten, es realisiert sich.[22] Bei einer überwiegend angebotsbedingten Rezession gilt dieses Ergebnis nicht mehr. Kreditfinanzierung öffentlicher Ausgaben könnte dann das zukünftige Einkommen nicht beeinflussen, unabhängig davon, ob die Wirtschaftssubjekte auf die Staatsverschuldung mit differentiellem Mehrkonsum reagieren. Dann wäre es — jedenfalls im Hinblick auf die hier zu behandelnde Annahme — rational, sich gegenüber der Finanzierungsform indifferent zu verhalten, da davon ja auch keine Wirkungen auf das zukünftige Einkommen ausgehen.

Prinzipiell das gleiche gilt, wenn in einer Vollbeschäftigungssituation Staatsausgaben kreditfinanziert werden. Zusätzlich zu berücksichtigen wäre dann, daß differentieller Mehrkonsum zu Wachstumseinbußen führen kann. Würde diese potentielle differentielle Einkommensminderung bereits zum Zeitpunkt der Verschuldung antizipiert, so hätten die Wirtschaftssubjekte um so mehr Anlaß, bei staatlicher Kreditfinanzierung ihre Konsumausgaben nicht zu erhöhen.

Wir können somit festhalten, daß die Annahme einer von der Finanzierungsform öffentlicher Ausgaben unabhängigen Einkommensentwicklung das Ergebnis der Neutralität der Staatsverschuldung weitgehend präjudiziert. Zumindest wenn man von einer keynesianischen Unterbeschäftigungssituation ausgeht, kann die öffentliche Kreditnahme das Sozialpro-

---

[22] Zur Bedeutung des Vertrauens in eine wirtschaftspolitische Strategie für ihre Wirksamkeit vgl. Baily, M. N., Stabilization Policy and Private Economic Behavior, in: Brookings Papers on Economic Activity, 1978, S. 11—59.

dukt positiv beeinflussen. Damit wäre eine Außerachtlassung künftiger Zinssteuern bei den Planungen zum Zeitpunkt der Staatsverschuldung zu rechtfertigen. Bei Vollbeschäftigung oder angebotsbedingter Unterbeschäftigung kann ein Einfluß der Finanzierungsform auf die Einkommensentwicklung dagegen ausgeschlossen werden.

VI. Kreditfinanzierung der Staatsschuldzinsen als Grund für Aneutralität

Die bisher behandelten Voraussetzungen für die Gültigkeit des Äquivalenztheorems bezogen sich auf eine Finanzierungsalternative, die die Effekte einer sofortigen Besteuerung den Effekten zukünftiger Besteuerung gegenüberstellt. Der Zeitpunkt oder die Dauer der künftigen Besteuerung ist dabei für das Äquivalenztheorem unerheblich, entscheidend ist, daß deren Gegenwartswert der Höhe der alternativen sofortigen Steuer entspricht. Nach dieser Vorgehensweise stellt sich die Wahl zwischen Steuer- und Kreditfinanzierung als Entscheidung über den Besteuerungszeitpunkt bzw. das Zeitprofil der Besteuerung dar. Nun ist es aber durchaus denkbar, daß die Zinsen für die Staatsschuld zumindest vorübergehend nicht durch Besteuerung, sondern durch erneute staatliche Kreditaufnahme aufgebraucht werden. Damit wird die in B. I. abgesteckte Finanzierungsalternative verlassen. Da diese Möglichkeit aber nicht a priori ausgeschlossen werden kann, hat eine umfassende Analyse des Äquivalenztheorems dem Rechnung zu tragen. Im folgenden ist daher zu überprüfen, ob und unter welchen Bedingungen die Staatsschuldzinsen durch weitere Neuverschuldung gedeckt werden können und welche Konsequenzen sich daraus für das Äquivalenztheorem ergeben.

In einer stationären Wirtschaft ist eine Deckung der Zinsen durch weitere Verschuldung möglich, jedoch nur über einen begrenzten Zeitraum. Es ist intuitiv einsichtig, daß durch ein solches Vorgehen auf Dauer das Verhältnis zwischen Schuldenstand und Sozialprodukt — die für die Grenzen der Staatsverschuldung entscheidende Größe — ins Unendliche wachsen würde. Wird diese Strategie nur vorübergehend verfolgt, so erhöht sich dadurch der zu bedienende Schuldenstand. Die zu irgendeinem Zeitpunkt einmal zu erhebende Zinssteuer wird dann dementsprechend höher ausfallen. Abdiskontiert auf den Zeitpunkt der erstmaligen Verschuldung ist der Gegenwartswert der Zinssteuer wiederum genauso hoch wie die alternative sofortige Steuer (formale Darstellung im Anhang). Der „Gewinn" aus der Stundung der Zinssteuer wird kompensiert durch höhere Zinssteuerbeträge. Solange die übrigen Voraussetzungen 1—5 erfüllt sind, bleibt das Äquivalenztheorem in einer stationären Wirtschaft auch dann gültig, wenn die Zinsen auf die Staatsschuld vorübergehend durch weitere Kreditaufnahme finanziert werden. Planen die Wirtschaftssubjekte dagegen nur über endliche Zeiträume oder diskontieren sie die auf sie zukommenden Zinssteuern zu einem höheren als dem staatlichen Zinssatz ab (vgl. Abschnitt C), so verringert die Zinssteuerstundung zusätzlich den Gegenwartswert der Zinssteuern.

Betrachten wir nun eine wachsende Wirtschaft. Würden in einer Periode Staatsausgaben kreditfinanziert und die Zinsen auf die Staatsschuld jeweils durch Neuverschuldung gedeckt, so würde im langfristigen Gleichgewicht der Schuldenstand mit der Rate des Zinssatzes wachsen. Ob eine Kreditfinanzierung der Zinsen dauerhaft durchgehalten werden kann, ist wieder abhängig von der Entwicklung des relativen Schuldenstandes. Gehen wir zunächst aus von einer Situation, in der der Zinssatz auf die Staatsverschuldung die Wachstumsrate des Sozialprodukts übersteigt. Dann würde bei dauerhafter Kreditfinanzierung der Schuldzinsen der relative Schuldenstand, also das Verhältnis zwischen Schuldenstand und Sozialprodukt über alle Grenzen wachsen. Um nun den relativen Schuldenstand konstant zu halten, dürfte der absolute Schuldenstand höchstens mit der Rate des Sozialproduktwachstums ansteigen. Andernfalls müßte ein Teil der Zinsen auf die Staatsschuld, nämlich der Anteil, um den der Zinssatz die Wachstumsrate übersteigt, dennoch über eine Zinssteuer finanziert werden. Diese bemißt sich aber nicht nach dem vollen, sondern nach dem eben um die Wachstumsrate verminderten Zinssatz. Daraus schloß Feldstein[23], daß dann der Gegenwartswert der Zinssteuer geringer sei, als der Betrag der Verschuldung. Demnach würde die Staatsverschuldung Nettovermögen darstellen; Mehrkonsum im Verschuldungsfall wäre rational begründbar, und das Äquivalenztheorem würde nicht mehr gelten. Bei genauerer Betrachtung erweist sich Feldsteins Argument jedoch als nicht stichhaltig. Zwar verringert sich der der Zinssteuererhebung zugrunde zu legende „Steuerzinssatz" um die Wachstumsrate, andererseits aber wächst die Bezugsgröße, also der Schuldenstand, mit eben dieser Rate.[24] Der abdiskontierte Wert der Zinssteuer entspricht somit weiterhin dem Betrag der ursprünglichen Verschuldung, auch wenn dauerhaft ein Teil der Verzinsung der Staatsschuld durch Neuverschuldung gedeckt wird (formale Darstellung im Anhang). Allerdings gilt auch hier, daß die Zinssteuerbelastung relativ weiter in die Zukunft verschoben wird, als bei reiner Steuerfinanzierung der Zinsen. Dies könnte wie im vorangegangenen Fall dazu führen, daß den Zinssteuern weniger Gewicht beigemessen wird.

Übersteigt die Wachstumsrate des Sozialprodukts den Zinssatz, so ist eine dauerhafte Deckung der Zinsen durch Neuverschuldung möglich. Dann würde der Schuldenstand langsamer wachsen als das Sozialprodukt, mithin würde der relative Schuldenstand sogar sinken. Da niemals eine Zinssteuer erhoben werden muß, besteht auch für die Wirtschaftssubjekte kein Anlaß, auf die Staatsverschuldung mit erhöhter Ersparnis zu reagieren. Im Gegenteil wäre es dann sogar möglich, Staatsausgaben dauerhaft durch Kreditaufnahme zu finanzieren, ohne daß der relative Schuldenstand ins Unendliche wachsen würde. Im Grenzfall könnte sogar auf jegliche Steuererhebung verzichtet werden; sämtliche Staatsausgaben könnten durch öffentliche Kreditaufnahme finanziert werden,

---

[23] Feldstein, M. S., Perceived Wealth, S. 334.

[24] Barro, R. J., Reply to Feldstein and Buchanan, in: J. Pol. Ec., Vol. 84 (1976), S. 344

ohne daß dadurch der haushaltspolitische Spielraum eingeengt würde.[25]

Daß bei dieser Konstellation das Äquivalenztheorem nicht mehr gilt, darüber herrscht Einigkeit, ebenso aber darüber, daß dieser Fall empirisch wohl kaum relevant sein dürfte.[26] Die Annahme einer konstanten Wachstumsrate erscheint als nicht kompatibel mit dem erzielten Ergebnis — wurde doch festgestellt, daß Staatsverschuldung die Ersparnis und damit die Kapitalbildung negativ beeinflußt. Eine dauerhafte Kreditfinanzierung öffentlicher Ausgaben würde im Vergleich zur Steuerfinanzierung zu einer in jeder Periode differentiell geringeren Sparquote und damit zu einer Verringerung der gleichgewichtigen Wachstumsrate führen. Unterstellt man eine neoklassische Produktionsfunktion, würde zudem die Grenzproduktivität des Kapitals und somit der Zinssatz steigen. Damit aber werden durch die dauerhafte Kreditfinanzierung öffentlicher Ausgaben zwei Tendenzen ausgelöst, die gerade deren Voraussetzungen entgegenlaufen. Die Annahme, daß die (konstante) Wachstumsrate des Sozialprodukts den (konstanten) Zinssatz übersteigt, ist vor dem Hintergrund des Modellergebnisses nicht mehr haltbar.

Anders dagegen bei einer einmaligen Verschuldung in einer wachsenden Wirtschaft. Zwar ist auch hier die Annahme einer konstanten Wachstumsrate nicht haltbar, wenn sich in der Verschuldungsperiode die private Ersparnis differentiell verringert. Dann würde zwar in dieser Periode die Wachstumsrate sinken, könnte aber in allen Folgeperioden wieder das ursprüngliche Niveau erreichen. Lediglich das Niveau des Wachstumspfades hätte sich verringert. Wenn nun zusätzlich die Bedingung erfüllt ist, daß der Zinssatz kleiner ist als die Wachstumsrate, könnten die Zinsen dauerhaft kreditfinanziert werden, ohne daß der relative Schuldenstand ins Unendliche wächst.

---

[25] Mückl, W. J., S. 264 FN 15.

[26] Barro, R. J., Reply, S. 344 f., Feldstein, M. S., Perceived Wealth, S. 333

Anhang

Finanzierungsalternative in Periode *o:* Sofortige Besteuerung in Höhe von T pro Kopf oder Verschuldung in Höhe von v pro Kopf, $v = T$.

1. Stationäre Wirtschaft

Zinsen auf Verschuldung v werden über m Perioden durch Neuverschuldung finanziert, von Periode $m + 1$ an wird eine Zinssteuer erhoben, keine weitere Neuverschuldung.

Schuldenstand pro Kopf in Periode m:

$$S_m = v\,(1 + r)^m$$

Betrag der Zinssteuer ab Periode $m + 1$:

$$t = r\,S_m = r\,v\,(1 + r)^m$$

Gegenwartswert der Zinssteuer in Periode *o:*

$$B_o = \sum_{j=1}^{\infty} \frac{t}{(1+r)^{m+j}} = \sum_{j=1}^{\infty} \frac{r\,v\,(1+r)^m}{(1+r)^{m+j}}$$

$$= r\,v \sum_{j=1}^{\infty} \frac{1}{(1+r)^j} = v = T$$

2. Wachsende Wirtschaft mit $g < r$

Zinsen werden im Ausmaß des Sozialproduktwachstums g durch Neuverschuldung gedeckt, so daß der Schuldenstand mit dieser Rate wächst. Der darüber hinausgehende Teil der Zinsen wird über eine Zinssteuer erhoben.

Schuldenstand pro Kopf in Periode *k:*

$$S_k = v\,(1 + g)^k$$

Zinszahlung pro Kopf in Periode *k:*

$$Z_k = r\,v\,(1 + g)^{k-1}$$

Davon durch Zinssteuer erhoben:

$$t_k = (r-g)\;S_{k-1} = (r-g)\;v\;(1+g)^{k-1}$$

Gegenwartswert der Zinssteuer in Periode *o:*

$$B_o = \sum_{j=1}^{\infty} \frac{(r-g)\;v\;(1+g)^{j-1}}{(1+r)^j} = \frac{r-g}{1+r}\,v \sum_{j=0}^{\infty}\left(\frac{1+g}{1+r}\right)^j = v = T$$

C. Staatsverschuldung und Effizienz der Kreditmärkte

I. Vollkommener Kreditmarkt als Voraussetzung für die Gültigkeit des Äquivalenztheorems

Das Äquivalenztheorem ist nur dann gültig, wenn es den Wirtschaftssubjekten möglich ist, ihr intertemporales Konsumprofil unabhängig vom Einkommensprofil zu gestalten, und zwar zu den gleichen Kosten bzw. Erträgen wie dies der Staat bei seinen Einnahmen kann. Geldkapital muß für die privaten Wirtschaftssubjekte zu den gleichen Bedingungen wie für den Staat zur Verfügung stehen. Dies ist dann der Fall, wenn ein „vollkommener Kreditmarkt" vorliegt. Damit ist in diesem Zusammenhang zunächst gemeint, daß jedes Wirtschaftssubjekt sich im Rahmen seines Lebenseinkommenspotentials verschulden, bzw. Ersparnisse anlegen kann und daß dabei der Zinssatz für Kredite dem für Einlagen entspricht. Demgemäß besteht ein einheitlicher Soll- und Habenzinssatz, der auch für den Staat gilt.[1] In diesem Rahmen können die Wirtschaftssubjekte zukünftiges Einkommen in Gegenwartskonsum umwandeln, oder umgekehrt Gegenwartseinkommen für Zukunftskonsum sparen. In diesem Sinne „vollkommene Kreditmärkte" werden üblicherweise in der allgemeinen Gleichgewichtstheorie angenommen,[2] jedoch auch regelmäßig in der Literatur zum Äquivalenztheorem angeführt.[3]

---

[1] In dieser Interpretation sind Transaktionskosten von Null unterstellt. Positive Transaktionskosten führen zwar zu einem Zinsdifferential zwischen Soll- und Habenzins, solange diese jedoch beim Staat genauso hoch sind wie für die Banken, gilt das Äquivalenztheorem weiterhin.

[2] Vgl. z. B. Arrow, K. J. / Hahn, F. H., General Competitive Analysis, San Francisco, Edinburg 1971, S 20 f.

[3] Vgl. etwa Gandenberger, O., Rationalität, S. 372; Räth, N., Die Zwangsanleihe als finanzpolitisches Instrument, St. Gallen 1980, Anhang V; Brennan, G. / Buchanan, J. M., S. 5; Feldstein, M., Government Deficits, S. 4.

Wenn die anderen, bisher behandelten Voraussetzungen erfüllt sind, stellen sich mit der Annahme eines solchen vollkommenen Kreditmarktes Steuer- und Kreditfinanzierung als äquivalent in dem Sinne wie von Ricardo beschrieben dar. Der Staat steht zur Finanzierung seiner Ausgaben vor der Alternative, von jedem Wirtschaftssubjekt sofort eine Steuer T zu erheben, oder sich stattdessen zu verschulden und dann in allen Folgeperioden die Zinssteuer t einzufordern. In beiden Fällen können die privaten Wirtschaftssubjekte dann durch Sparen oder Verschuldung ihr Konsumprofil unabhängig von der staatlichen Finanzierungsentscheidung gestalten. Eine Veränderung der intertemporalen Konsummöglichkeiten ergibt sich nicht, da durch die Annahme des vollkommenen Kreditmarktes die staatliche Entscheidung über den Zeitpunkt der Steuererhebung von den Privaten durch Anpassungen in der Vermögensdisposition umgangen werden kann.[4]

Wird von der Annahme eines vollkommenen Kreditmarktes im hier gemeinten Sinne abgegangen, so läßt sich zeigen, daß das Äquivalenztheorem nicht mehr gilt. Da der Staat mit der öffentlichen Verschuldung faktisch einen Teil der Kreditintermediation übernimmt, ist es möglich, daß sich der Konsumspielraum der Wirtschaftssubjekte verändert. Wenn der Staat mit Hilfe der öffentlichen Verschuldung Kredit zu günstigeren Bedingungen bereitstellen kann als das Bankensystem, so würde die intertemporale Budgetrestriktion der Privaten erweitert.

Dieser Fragenkreis steht im Mittelpunkt des gesamten dritten Kapitels. Dabei wird zunächst (in C. II.) gezeigt, wie öffentliche Kreditaufnahme im Vergleich zur Steuerfinanzierung zu Vermögenseffekten bzw. zu Effizienzsteigerungen führen kann, wenn der Staat Kredit (in Form eines Steueraufschubs) billiger bereitstellt als Banken. Diese Vermögenseffekte werden in der Regel auf Imperfektionen auf dem privaten Kreditmarkt zurückgeführt. Solche „Kreditmarktimper-

---

[4] Die Äquivalenz von Steuer- und Kreditfinanzierung gilt auch hier freilich nur dann, wenn die Wirtschaftssubjekte nicht einer „Vermögensillusion" unterliegen, vgl. Puviani, A., S. 51—53; Gandenberger, O., Rationalität, S. 377 f.

fektionen" werden in einem Auseinanderfallen von Soll- und Habenzinssatz, in unterschiedlich hohen Sollzinsen sowie in mengenmäßiger Kreditrationierung gesehen. In Abschnitt C. III. werden die so bezeichneten Kreditmarktimperfektionen mikroökonomisch fundiert, und es wird untersucht, inwieweit die staatliche Kreditintermediation der privaten überlegen ist. Da dabei der Schwerpunkt der Argumentation auf dem Zahlungsrisiko als Ursache von „Kreditmarktimperfektionen" liegt, werden in C. IV. einige weitere Faktoren, die ebenfalls zu Beschränkungen der privaten Verschuldungsmöglichkeiten führen können, gesondert behandelt.

II. Wohlfahrtseffekte der Staatsverschuldung bei unvollkommenem Kreditmarkt — die Standardargumentation

1. Modifikation des idealisierten vollkommenen Kreditmarktes

Die Annahme eines vollkommenen Kreditmarktes im obigen Sinne mag für analytische Zwecke sinnvoll sein, sie wird jedoch der Realität nicht gerecht. So läßt sich die Annahme eines gleichen Soll- und Habenzinssatzes nur dann aufrechterhalten, wenn alle Kredittransaktionen unmittelbar zwischen Schuldnern und Gläubigern abgewickelt würden. Wirtschaftssubjekte, die Gegenwartseinkommen in Zukunftskonsum umwandeln wollen, müßten ihre Mittel direkt an solche verleihen, die ihren Gegenwartskonsum zu Lasten der Zukunft erhöhen wollen. Falls die Kredittransformation von einem Bankensystem übernommen wird, würden sich die dabei entstehenden Transaktionskosten in einem Zinsdifferential zwischen Einlagen- und Kreditzins bemerkbar machen. Nur mit einem transaktionskostenlosen Bankensystem könnte somit die Gleichheit von Soll- und Habenzinssatz verwirklicht werden.

Ein weiteres, eher institutionell begründetes Argument für das Auseinanderfallen von Einlagen- und Darlehenszinssatz wurde von Niehans vorgebracht.[5] Er betrachtet zwei standardisierte Kreditinstrumente, Einlagen mit geringem Schuldnerrisiko und hoher Liquidität und Darlehen mit höherem Risiko und geringerer Liquidität. Wenn nun auf dem Kreditmarkt beide Formen angeboten und nachgefragt werden könnten und ein gleicher Zinssatz für beide Kreditarten herrschen würde, so würden potentielle Gläubiger nur Einlagen anbieten, nachgefragt würden jedoch nur Darlehensverträge. Ein Gleichgewicht käme nur zustande, wenn der Darlehenszins über dem Einlagenzins läge. Dieses Argument beruht auf der durch das Bankensystem wahrgenommenen Liquiditäts- und Risikotransformation. Der Aspekt der Risikotransformation wird in dem idealisierten Rahmen in C. I. noch gar nicht berücksichtigt.

Ein vollkommener Kreditmarkt im obigen Sinn beinhaltet auch, daß sich alle Wirtschaftssubjekte zum gleichen Zinssatz wie der Staat verschulden können. Wird jedoch die Unsicherheit über das Einkommenspotential der Individuen bzw. deren erwartete Fähigkeit, Kredite zu bedienen, berücksichtigt, so scheint auch die Annahme eines homogenen Sollzinssatzes fragwürdig. Dies mag zwar für Wirtschaftssubjekte, die Kreditsicherheiten anzubieten haben, zutreffen, ebenso für den Staat, da durch dessen Besteuerungshoheit eine Deckung seiner Kreditverpflichtungen gesichert erscheint. Das Kreditrisiko ist jedoch höher bei Wirtschaftssubjekten, die ausschließlich Arbeitseinkommen beziehen.

Die eingeschränkte Beleihbarkeit von Humankapital resultiert zum einen aus der zeitlichen Begrenzung des Bezugs von Arbeitseinkommen, zum anderen aus der Unsicherheit, ob der Kreditnehmer auch in Zukunft fähig und willens ist zu arbeiten. Dieses erhöhte Kreditrisiko spiegelt sich wider in einem höheren Sollzinssatz für diese Wirtschaftssubjekte. Möglicherweise kommt es sogar zu überhaupt keiner Kreditvergabe, nämlich dann, wenn ein risikodeckender Zinssatz eine Höhe erreichen würde, die aus gesetzlichen Gründen

[5] Niehans, J., Theorie des Geldes, Bern, Stuttgart 1980, S. 199 f.

oder sonstigen Konventionen, etwa über eine „moralisch vertretbare" Zinshöhe, als nicht mehr annehmbar erscheint (Zinswucher).[6]

2. *Die Diskontierung der Zinssteuerverpflichtungen*

a) Die relevanten Zinssätze

Um den Einfluß der Kreditmarktgegebenheiten auf die Diskontierung künftiger Zinssteuerverpflichtungen zu bestimmen, muß zunächst festgelegt werden, mit welchen Diskontierungsraten die Steuerverpflichtungen abgezinst werden. Die relative Wertschätzung zwischen Zukunftskonsum und Gegenwartskonsum der Wirtschaftssubjekte drückt sich in der marginalen Zeitpräferenzrate aus. Folglich werden mit dieser Rate auch zukünftige Zahlungsverpflichtungen abdiskontiert. Relativ einfach ist der Fall des vollkommenen Kreditmarktes mit einem gleichen Soll- und Habenzinssatz r. Alle Wirtschaftssubjekte passen ihre marginale Zeitpräferenzrate dieser Rate an. (Von Randlösungen, in denen entweder nur Gegenwartskonsum oder nur Zukunftskonsum gewählt werden, weil die marginale Zeitpräferenzrate entweder sehr hoch oder sehr niedrig ist, sei abgesehen.)

Gehen wir im folgenden davon aus, daß Soll- und Habenzinssatz nicht mehr übereinstimmen. Beide Zinssätze seien zunächst exogen gegeben, und der Sollzinssatz i übersteigt den Habenzins r. In diesem Fall ist die marginale Zeitpräferenzrate und damit der Diskontierungssatz nicht mehr für alle Wirtschaftssubjekte gleich. Diejenigen, die sich auch nach einer staatlichen Verschuldung zusätzlich privat verschulden, haben eine hohe Präferenz für Gegenwartskonsum und passen ihre Zeitpräferenzrate dem Sollzinssatz i an, bzw. den Sollzinssätzen, falls zwischen den Kreditnehmern differenziert wird. Diejenigen, die sparen, realisieren demgegenüber

---

[6] Eingehendere Begründungen für solche „Kreditmarktimperfektionen" (divergierende Zinssätze, Kreditrationierung) finden sich in Abschnitt C. III. Für die folgenden Ausführungen reicht es, wenn Soll- und Habenzinsen auseinanderfallen.

eine geringere Zeitpräferenzrate, nämlich den Habenzinssatz r. Für Wirtschaftssubjekte, die sich nach der staatlichen Kreditnahme weder verschulden, noch sparen, ist die marginale Zeitpräferenzrate unbestimmt. Sie muß zwischen dem Soll- und Habenzins liegen, andernfalls hätte das Wirtschaftssubjekt sich ja verschuldet oder gespart. Analytisch im Zwei-Perioden-Konsummodell wird die Diskontierungsrate der einzelnen Haushalte folgendermaßen festgelegt. Die Haushalte maximieren ihre intertemporale Nutzenfunktion

$$U = U(c_1, c_2) \tag{1}$$

unter Berücksichtigung der Budgetbeschränkung

$$\begin{aligned} c_2 &= y_2 + (y_1 - c_1)(1 + r) \text{ für } c_1 < y_1 \text{ bzw.} \\ c_2 &= y_2 + (y_1 - c_1)(1 + i) \text{ für } c_1 > y_1. \end{aligned} \tag{2}$$

Die Budgetrestriktion besagt, daß die Haushalte bei gegebenen y_1, y_2 durch Ersparnisbildung Gegenwartseinkommen für Zukunftskonsum verwenden können, wobei die Ersparnis zum Satz r verzinst wird. Ebenso kann durch Verschuldung zum Zinssatz i Zukunftseinkommen in Gegenwartskonsum umgewandelt werden. Wird (1) unter der Nebenbedingung (2) maximiert, ergibt sich als Optimalbedingung für die intertemporale Konsumplanung, daß die marginale Zeitpräferenzrate (und damit die Diskontierungsrate für die Zins- und Tilgungssteuer)

$$\frac{\frac{\delta U}{\delta c_1}}{\frac{\delta U}{\delta c_2}} = - \frac{dc_2}{dc_1} = \begin{cases} (1 + r) \text{ für } c_1 < y_1 \\ (1 + i) \text{ für } c_1 > y_1 \end{cases}$$

ist.

Nettosparer passen ihre marginale Zeitpräferenzrate dem Habenzinsfaktor $1 + r$ an, Nettokreditnehmer dem Sollzinsfaktor $1 + i$. Wird jeweils das gesamte Periodeneinkommen konsumiert, ist die marginale Zeitpräferenzrate nicht eindeutig definiert, dann liegt der Diskontierungssatz zwischen r und i.

b) Vermögenseffekte bei unterschiedlichen Annahmen über Zinssätze und Diskontierungsraten

Vergleichen wir nun den abdiskontierten Wert der Zinssteuerverpflichtungen mit dem ursprünglichen Verschuldungsbetrag, der ja in der Höhe der alternativ zu erhebenden Steuer entspricht. Die Finanzierungsalternative sei entweder sofortige Besteuerung der n Haushalte i. H. von T oder Kreditfinanzierung mit anschließender dauerhafter Zinssteuererhebung in Höhe von $t = rT$ je Haushalt. Die Annahmen 1—4 aus B. I. seien wieder erfüllt. Der Vermögensverlust des privaten Sektors im Fall der sofortigen Besteuerung würde $n\,T$ betragen. Im Fall des vollkommenen Kreditmarktes mit einheitlichem Soll- und Habenzinssatz r würden die Zinssteuern auch mit dieser Rate abdiskontiert, so daß der Gegenwartswert der Zinssteuerverpflichtungen

$$B = \frac{t}{r}\,n = \frac{Tr}{r}\,n = Tn$$

beträgt.

Der Vermögensverlust durch die Abdiskontierung der Zinssteuer entspricht also dem, der bei sofortiger Besteuerung eingetreten wäre — Staatsverschuldung bewirkt keinen differentiellen Vermögenseffekt.

Betrachten wir nun den Fall, in dem der Staat als sicherer Kreditnehmer sich weiterhin zum Habenzinssatz r verschulden kann, ein Teil der privaten Wirtschaftssubjekte jedoch einen höheren Sollzinssatz zu zahlen hätte. Solche Wirtschaftssubjekte mit höherer Präferenz für Gegenwartskonsum würden ihre Zinssteuerverpflichtungen mit einer über dem Anleihezinssatz liegenden Rate abdiskontieren. Daß daraus ein positiver Vermögenseffekt der Staatsverschuldung entstehen kann, wurde bereits von mehreren Autoren angeführt.[7] Heller/Starr[8] und Flemming[9] zeigten, daß auch unter Zugrundelegung der permanenten Einkommenshypothese des Konsums positive Multiplikatoreffekte möglich sind, wenn Kreditmarktunvollkommenheiten berücksichtigt werden. Heller und Starr behandeln dabei den Fall, daß private Wirtschaftssubjekte sich überhaupt nicht verschulden können, Flemming den, daß Soll- und Habenzins auseinanderfallen.

Ausführlich und unter speziellem Zuschnitt auf die Frage der Staatsschuldillusion zeigte Gandenberger,[10] wie — neben anderen Faktoren — unterschiedliche Diskontierungsraten der Wirtschaftssubjekte Vermögenseffekte bewirken, die mit differentiellem Mehrkonsum bei Anleihefinanzierung verbunden sind.

Gehen wir davon aus, daß k von den n Individuen ihre Zinssteuerverpflichtungen zum höheren Sollzinssatz i abdiskontieren. Das Zinsdifferential sei λ, so daß $i = r + \lambda$ ist. Der abdiskontierte Barwert der Zinssteuerverpflichtungen der ganzen Gesellschaft beträgt nun

$$B' = (n-k)\,\frac{Tr}{r} + \frac{Tr}{r+\lambda}\,k\,.$$

Dieser Barwert ist geringer als der, der bei vollkommenem Kreditmarkt zustande käme. Der durch die Kreditfinanzierung bewirkte differentiale Vermögenseffekt stellt sich nun dar als die Differenz aus dem alternativ zu erhebenden Steuerbetrag

---

[7] Vgl. z. B. Mishan, E. J., How to Make a Burden of the Public Debt, in: Ferguson, J. M. (Hrsg.), Public Debt and Future Generations, Chapel Hill 1964, S. 188 FN; Walters, A. A., S. 317 f.; Pesek, B. P. / Saving, Th. R., Money, Wealth and Economic Theory, 3. Aufl., New York/London 1969, S. 282 f.; Schmah, U., Der Einkommensredistributionseffekt der Anleihefinanzierung bei unterschiedlichen Zeitpräferenzen, in: Finanzarchiv, N. F. Bd. 26 (1967), S. 232—237.

[8] Heller, W. P. / Starr, R. M., Capital Market Imperfection, the Consumption Function, and the Effectiveness of Fiscal Policy, in: Quart, J. Ec., Vol. 94 (1979), S. 455—463.

[9] Flemming, J. S., The Consumption Function when Capital Markets are Imperfect: The Permanent Income Hypothesis Reconsidered, in: Ox. Ec. Pap., Vol. 25 (1973), S. 160—172.

[10] Gandenberger, O., Rationalität.

nT und dem Barwert der Zinssteuern B'. Der Vermögenseffekt beträgt somit

$$nT - B' = kT \frac{\lambda}{r + \lambda} .$$

Graphisch läßt sich dieser Vermögenseffekt in einem Zwei-Perioden-Konsummodell zeigen (Abb. 2).[11]

Abbildung 2

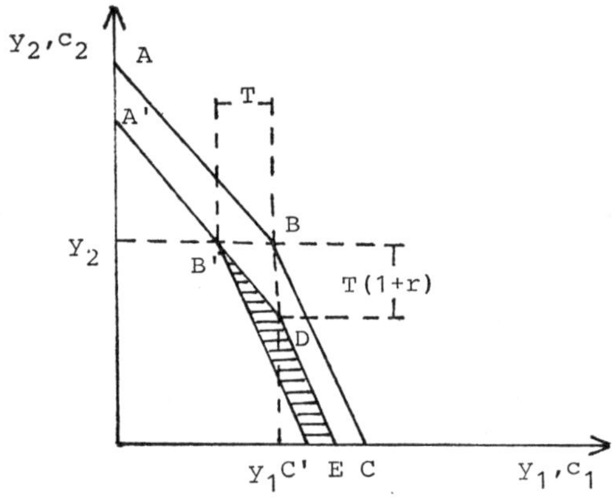

Ausgangspunkt ist die Budgetlinie ABC, die bei gegebenen Einkommen y_1, y_2 die Konsummöglichkeiten der Wirtschaftssubjekte ohne staatlichen Eingriff repräsentiert. Bei sofortiger Steuerfinanzierung würde sich die Budgetlinie von ABC auf A' B' C' verschieben. Durch die staatliche Kreditfinanzierung zum günstigeren Zinssatz *r* verschiebt sie sich jedoch nur auf A' DE. Für Wirtschaftssubjekte mit hoher Präferenz für Gegenwartskonsum erweitert sich somit der Budgetspielraum um die schraffierte Fläche, ohne daß er sich für diejenigen mit geringer Gegenwartspräferenz verschlechtert. Alle Wirtschaftssubjekte, deren Konsumpunkte auf der Linie B' DE liegen, konsumieren im Verschuldungsfall differentiell mehr als bei Steuerfinanzierung. Das Argument, daß bei diver-

---

[11] Vgl. zur Darstellung Gandenberger, O., Rationalität, S. 385.

gierenden Zeitpräferenzraten ein Vermögenseffekt der Staatsverschuldung auftritt, ist in der Theorie des öffentlichen Kredits mittlerweile unbestritten. Damit kann differentieller Mehrkonsum bei Kreditfinanzierung erklärt werden, ohne daß vom Rationalitätspostulat abgewichen werden muß. Es sind dabei keine zusätzlichen Annahmen über wie auch immer geartete Informationsdefizite oder Illusionstatbestände erforderlich.

Betrachten wir das erzielte Ergebnis noch einmal genauer. Ein positiver Vermögenseffekt der Staatsverschuldung tritt bei all jenen Wirtschaftssubjekten auf, die im Fall der staatlichen Kreditaufnahme mehr konsumieren als bei Steuerfinanzierung. Das sind die Wirtschaftssubjekte, deren Tangentialpunkte in Abb. 2 auf der Linie B' DE liegen. Für diese stellt sich die Staatsverschuldung als Kredit zum günstigeren staatlichen Zinssatz r dar, und sie nehmen diesen erweiterten Budgetspielraum auch für erhöhten Gegenwartskonsum in Anspruch. Hätte der Staat seine Ausgaben durch sofortige Steuererhebung finanziert, so hätten sie sich, um zukünftiges Einkommen in Gegenwartskonsum umzuwandeln, zum höheren Zins i verschulden müssen. Die ökonomische Position dieser Wirtschaftssubjekte wird durch die Kreditfinanzierung des Staates eindeutig verbessert. Die Nettosparer, das sind diejenigen, die Tangentialpunkte auf dem Abschnitt A' B' der Budgetlinie verwirklichen, erleiden durch die Entscheidung für Kreditfinanzierung keine Einbuße. Sie erhöhen im Fall der Anleihefinanzierung ihre Ersparnis um T. Da annahmegemäß die Ersparnis mit dem gleichen Zinssatz, wie er für den Staat gilt, verzinst wird, ist gesichert, daß die Erträge aus der zusätzlichen Ersparnis zur Deckung der zukünftigen Zinssteuerverpflichtungen ausreicht. Damit ist der gesamtwirtschaftliche Vermögenseffekt positiv. Berücksichtigt man darüber hinaus noch, daß es nicht nur einen, sondern eine ganze Skala von unterschiedlich hohen Sollzinssätzen gibt, die alle über dem staatlichen Zinssatz r liegen, so wird der positive Vermögenseffekt noch weiter verstärkt.

Die entscheidende Voraussetzung für dieses Ergebnis liegt darin, daß der Staat sich zum Einlagenzinssatz r verschulden kann, bzw. umgekehrt ausgedrückt, daß alle Sparer ihre Mittel zum staatlichen Zinssatz anlegen können. Wird diese Annahme fallengelassen, so kehrt sich das Ergebnis um, wie im folgenden gezeigt wird. Gehen wir aus von einer Situation, in der es wiederum nur einen Habenzinssatz r und einen Sollzinssatz i mit $i = r + \lambda$ gibt. Der Staat soll sich nun aber zu den üblichen Kreditmarktbedingungen verschulden, er hat also auch den Sollzinsatz i zu zahlen. Die Zinssteuer je Wirtschaftssubjekt würde nun $i\,T$ betragen. Wie im vorhergehenden Fall sollen wieder k der n Wirtschaftssubjekte ihre Steuerverpflichtungen zum Satz i abdiskontieren. Als Gegenwartswert der gesamten Zinssteuern ergibt sich nun

$$B' = (n-k)\,\frac{T\,(r+\lambda)}{r} + k\,\frac{T\,(r+\lambda)}{r+\lambda} \quad .$$

Der Vermögenseffekt ist wieder die Differenz

$$nT - B' = -\,\frac{\lambda}{r}\,(n-k)\,T\,.$$

Es ist unmittelbar einsichtig, daß in diesem Fall die Sparer mit geringer Präferenz für Gegenwartskonsum einen Verlust erleiden, ohne daß sich diejenigen mit hoher Zeitpräferenzrate verbessern. Der Vermögenseffekt der Staatsverschuldung wird negativ. Jetzt bekommen ja die Entsparer den staatlichen Kredit zu den gleichen Bedingungen wie auf dem privaten Kreditmarkt. Andererseits werden nun aber die Sparer durch die staatliche Kreditnahme gezwungen, den teuereren Staatskredit mit Zinssteuerzahlungen zu bedienen. Zusätzliche Ersparnis in Höhe von T würde ihnen Zinseinkünfte in Höhe von $r\,T$ sichern, diese würden aber nicht zur Bedienung der Zinssteuer $i\,T$ ausreichen.

Nun ist der eben ausgeführte Fall nicht gerade realistisch, steht es doch grundsätzlich jedem Sparer offen, Staatspapiere zu zeichnen und somit höhere Zinserträge zu erwirtschaften. Immerhin zeigt er die Bedingungen auf, unter denen Staatsverschuldung einen negativen Vermögenseffekt auslöst. So erscheint es durchaus möglich, daß — wenn auch nicht für die gesamte Bevölkerung — für manche Wirtschaftssubjekte durch öffentliche Kreditnahme eine Benachteiligung bewirkt wird. Daß Wirtschaftssubjekte mit hoher Präferenz für Gegenwartskonsum trotzdem positive Vermögenseffekte erfahren, ist damit nicht ausgeschlossen. Betrachtet man die Zinsstruktur der Realität, so gibt es nicht einen Soll- und einen Habenzinssatz, sondern eine Vielzahl von Zinssätzen für unterschiedlich ausgestattete Kreditarten. Die Untergrenze bildet der Spareckzins, die Obergrenze der bis zu dreimal so hohe Zins für Kontokorrentkredite.[12]

Dazwischen liegt die Umlaufsrendite für festverzinsliche Wertpapiere, die in etwa dem Zins für neu auszugebende Staatsanleihen gleichgesetzt werden kann. Zusätzlich gibt es eine ganze Reihe weiterer Zinssätze für Anlageformen mit unterschiedlichen Ausstattungsmerkmalen wie Fristigkeit, Kapitalmarktfähigkeit oder Risiko. Die Vielfalt von Kreditformen deutet darauf hin, daß nicht alle Wirtschaftssubjekte im gleichen Ausmaß Zugang zu den einzelnen Anlage- bzw. Verschuldungsformen haben. So mag es Wirtschaftssubjekte geben, deren einzige Vermögensanlageform im Kontensparen besteht, sei es, weil diese Anlageform ein gutes Geldsubstitut darstellt,[13] oder weil sie mit niedrigen Zugangsbarrieren wie Transaktions- und Informationskosten verbunden ist. Gerade für diese Wirtschaftssubjekte erscheint die Annahme, daß sie im Verschuldungsfall auf relativ teuere Kreditformen wie Kontokorrent- oder gar Ratenkredit zurückgreifen müssen, durchaus plausibel.

Akzeptiert man diese Hypothese, so unterscheiden wir zwischen zwei Gruppen von Wirtschaftssubjekten, solche mit gutem und solche mit schlechtem Zugang zum Kapitalmarkt.

---

[12] Monatsberichte der Deutschen Bundesbank, Jg. 35 Nr. 1, Januar 1983, S. 15.

[13] Kath, D., Die Zins- und Laufzeitstruktur der finanziellen Märkte in der Bundesrepublik Deutschland, in: Ehrlicher, W. / Simmert, D. B., (Hrsg.), Geld- und Währungspolitik in der Bundesrepublik Deutschland, Beihefte zu Kredit und Kapital, Heft 7, Berlin 1982, S. 328.

Die erste Gruppe ist dadurch gekennzeichnet, daß sie Ersparnisse zum staatlichen Zinssatz anlegen kann und Kredite zum gleichen oder einem darüberliegenden Satz aufnehmen kann. Bei dieser Gruppe würde durch Staatsverschuldung kein oder aber ein positiver Vermögenseffekt ausgelöst. Für solche Wirtschaftssubjekte würde sich Staatsverschuldung wie in Abb. 2 auswirken. Anders dagegen bei der Gruppe mit schlechtem Zugang zum Kapitalmarkt. Für sie liegt der staatliche Zinssatz i_{st} zwischen den für sie geltenden Soll- und Habenzinssätzen. Die Auswirkungen der staatlichen Kreditfinanzierung im Vergleich zur sofortigen Besteuerung sind aus Abb. 3 ersichtlich.

Abbildung 3

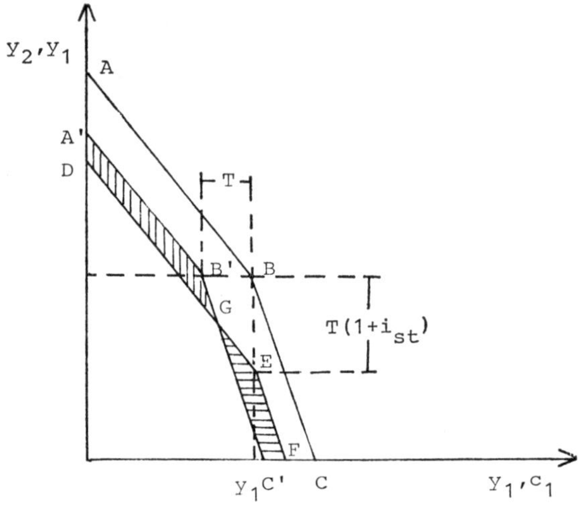

Steuerfinanzierung würde die Budgetlinie von ABC auf A' B' C' verschieben, Kreditfinanzierung würde das verfügbare Einkommen der zweiten Periode um $T\ (1 + i_{st})$ verringern, die Budgetlinie wäre dann DEF. Alle Wirtschaftssubjekte, die Konsumpläne unterhalb von G realisieren, also überwiegend die Entsparer,[14] würden sich bei Kreditfinanzierung besser stellen. Für sie erweitert sich der Budgetspielraum dadurch um die quer schraffierte Fläche GEFC'. Für Wirtschaftssubjekte, deren Konsumpläne oberhalb von G liegen, verschlechtern sich dagegen die Konsummöglichkeiten bei Kreditfinanzierung um die längs schraffierte Fläche A' B' GD. Innerhalb der Gruppe mit schlechtem Zugang zum Kapitalmarkt kann nicht mehr eindeutig bestimmt werden, ob Staatsverschuldung positive oder negative Vermögenseffekte bewirkt.

3. *Qualifikation der Ergebnisse*

Trotz des relativ engen, partialanalytischen Rahmens der bisherigen Ausführungen können bereits einige wichtige Ergebnisse festgehalten werden:

— Positive Vermögenseffekte der Staatsverschuldung können nur für solche Wirtschaftssubjekte auftreten, die sich auf dem privaten Markt zu einem höheren als den für den Staat geltenden Zinssatz verschuldet hätten.

— Negative Vermögenseffekte treten für solche Wirtschaftssubjekte auf, die sparen und ihre Ersparnisse nur zu einem geringeren als den für den Staat geltenden Zins anlegen können.

— Indifferent bleiben jene, die ihre Ersparnisse zum staatlichen Zins anlegen bzw. sich zu diesem Satz verschulden können.

Überwiegt nun gesamtwirtschaftlich der positive oder der negative Vermögenseffekt? Bei der Beantwortung dieser Frage ist wegen des begrenzten Modellrahmens Vorsicht angebracht. Wegen der Annahme des unbegrenzten Planungs-

---

[14] Etwas genauer ausgedrückt, all jene, die im Fall der Steuerfinanzierung sich um mehr als $\frac{i - i_{st}}{r - i} T$ verschuldet hätten bzw. bei staatlicher Kreditfinanzierung weniger als $T \left(1 - \frac{i - i_{st}}{r - i}\right)$ gespart hätten.

horizonts (bzw. der Einengung auf den Zwei-Perioden-Fall in der graphischen Darstellung) entsteht eine Asymmetrie in der Bewertung der Vermögenseffekte. Da sämtliche Zins- und Tilgungssteuern berücksichtigt werden, beschreibt der positive Vermögenseffekt den minimal möglichen Gewinn, während der negative Effekt den maximal möglichen Verlust ausweist. Eine Verkürzung des Planungszeitraumes würde dagegen zu einer Verstärkung des positiven und einer Verringerung des negativen Vermögenseffektes führen. Das bedeutet, daß ältere Wirtschaftssubjekte, auch wenn sie eine niedrige Präferenz für Gegenwartskonsum haben, dennoch durch Staatsverschuldung positive Vermögenseffekte erfahren (vgl. aber auch B. III.). Jüngere Wirtschaftssubjekte haben zwar einen hinreichend langen Planungshorizont, so daß für solche mit niedriger marginaler Zeitpräferenzrate — wenn überhaupt — nur ein geringfügiger positiver Effekt auftritt. Zu berücksichtigen ist aber, daß die Verschuldungsbereitschaft, also die Präferenz für Gegenwartskonsum gerade bei jungen Wirtschaftssubjekten häufig größer ist als bei alten. Daraus resultiert gesamtwirtschaftlich eine Tendenz zu einer Verstärkung des positiven Vermögenseffektes. Und schließlich blieben bisher jene Wirtschaftssubjekte völlig unberücksichtigt, die überhaupt keine Möglichkeit haben, sich zu verschulden. Für solche, absolut liquiditätsbeschränkte Individuen stellt sich der durch die Staatsverschuldung bewirkte Steueraufschub als die einzige Möglichkeit dar, den Gegenwartskonsum auf Kosten der Zukunft differentiell zu erhöhen.

Ein weiteres Argument gegen einen ins Gewicht fallenden negativen Vermögenseffekt der Staatsverschuldung ergibt sich, wenn in einer etwas pragmatischeren Betrachtung die Sparmotive der Wirtschaftssubjekte mit schlechtem Zugang zum Kapitalmarkt berücksichtigt werden. Negative Effekte treten für Haushalte auf, die ihre Ersparnisse dauerhaft zu einem niedrigen Zinssatz anlegen. Aus der Existenz derartiger niedrigverzinslicher Anlageformen, wohl vor allem dem Kontensparen, kann aber noch nicht ohne weiteres geschlossen werden, daß negative Vermögenseffekte der Staatsverschuldung empirisch von größerer Relevanz sind. So gibt es Wirtschaftssubjekte, die neben ertragreicheren Anlageformen auch Sparkonten unterhalten. Diese Sparkonten sind aber von der Motivation her weniger der eigentlichen Vermögensbildung im Sinne einer Sicherung von Zukunftseinkommen, sondern vielmehr der Geldhaltung zuzurechnen. Kontensparen stellt dann möglicherweise Vorsichtskasse — zur Finanzierung unvorhergesehener Ausgaben — oder Spekulationskasse — in Erwartung steigender Zinsen werden Gelder „geparkt" — dar. Auch bei den Nur-Kontensparern, überwiegend wohl Haushalte mit relativ niedrigem Einkommen, scheint eine dauerhafte Vermögensbildung in dieser Form eher unwahrscheinlich. Vielmehr dürfte deren Ersparnis wieder der Vorsichts- oder Transaktionskassenhaltung zur Finanzierung größerer Haushaltsinvestitionen zuzurechnen sein. Für solche Wirtschaftssubjekte wäre es durchaus möglich, daß sie, obwohl sie zum niedrigen Sparzins anlegen, dennoch eine starke Präferenz für Gegenwartskonsum aufweisen. Dann würde, entgegengesetzt zum obigen Ergebnis, dennoch ein positiver Vermögenseffekt der Staatsverschuldung auftreten. Und schließlich ist zu berücksichtigen, daß zumindest in einigen Ländern eine gezielte Politik der Sparförderung betrieben wird. Damit wird, gerade für die dadurch begünstigten Kleinsparer, die relevante Ertragsrate erhöht und ein möglicher negativer Vermögenseffekt der Staatsverschuldung wiederum abgeschwächt oder sogar neutralisiert. Insgesamt kann damit festgehalten werden, daß in einer etwas realistischeren Betrachtung ein negativer Vermögenseffekt der Staatsverschuldung aufgrund von divergierenden Zeitpräferenzraten eher unwahrscheinlich erscheint, bzw. daß dieser, falls er auftritt, von relativ geringem Gewicht sein dürfte.

Eine Begrenzung der Aussagekraft unserer Überlegungen ergibt sich offensichtlich aus dem restriktiven partialanalytischen Rahmen. So wären mögliche, durch die öffentliche Kreditnahme bedingte Zinssteigerungen zu berücksichtigen. Dies hätte zur Konsequenz, daß bisher begünstigte Kreditnehmer nun auch negative Vermögenseffekte erleiden können: Ihnen kommt zwar der immer noch relativ günstige Staatskredit zugute, falls sie sich jedoch darüber hinaus privat verschulden, haben sie einen höheren Zins zu zahlen als dies ohne staatliche Kreditnahme der Fall gewesen wäre. Wenn der Verlust aus dem bei Staatsverschuldung differentiell höheren Kreditzinssatz den Gewinn aus der Bereitstellung des günstigeren Staatskredits übersteigt, so verschlechtert sich die Position der Entsparer. Sie erleiden einen negativen Vermögenseffekt und konsumieren bei staatlicher Kreditfinanzierung in der Ausgangsperiode differentiell weniger als bei sofortiger Besteuerung. Je nach der Zinselastizität der Ersparnis könnte das gestiegene Zinsniveau auch bei den Nettosparern zu vermehrter Spartätigkeit führen, so daß auch von dieser Seite her eine differentielle Verringerung des Gegenwartskonsums bei Staatsverschuldung möglich wäre.

Diese zinsbedingten gegengerichteten Effekte können aber nie ein solches Ausmaß annehmen, daß der gesamte Konsumeffekt negativ wird. Wie sollte auch die Staatsverschuldung zu steigenden Zinsen führen, obwohl die gesamtwirtschaftliche Ersparnis (im Sinne von Konsumverzicht) zunimmt? Ein negativer Konsumeffekt der Staatsverschuldung mag für einzelne Haushalte möglich sein, gesamtwirtschaftlich muß jedoch — soll es überhaupt zu Zinssteigerungen kommen — der positive Effekt überwiegen.

Aus der Tatsache, daß Kreditmärkte nicht vollkommen sind — im Sinne eines einheitlichen Soll- und Habenzinssatzes für alle Wirtschaftssubjekte — ergab sich also, daß die staatliche Kreditaufnahme mit einer Reihe von positiven, aber auch negativen Vermögenseffekten verbunden sein kann. Auch ohne daß ein empirischer Nachweis erbracht wird, sprechen gewichtige Gründe dafür, daß die positiven Vermögenseffekte die negativen überwiegen. Für die Gesamtwirtschaft läßt sich daher ein positiver Konsumeffekt konstatieren. Der Form nach erhalten die Staatsgläubiger durch die öffentliche Kreditnahme ein Aktivum, dem das Passivum künftiger Steuerverpflichtungen gegenübersteht. Der Wert der Staatsschuldtitel übersteigt jedoch die abdiskontierte zukünftige Steuerbelastung. Der Sache nach wird damit das gegenwärtig verfügbare Einkommen der Wirtschaftssubjekte auf Kosten des Zukunftseinkommens erhöht, und zwar zu günstigeren Bedingungen als dies auf dem privaten Kreditmarkt möglich gewesen wäre. Damit aber sind wir wieder bei der Ausgangsfragestellung — dem Äquivalenztheorem — angelangt. Wird nämlich der erhöhte Ausgabenspielraum in der Gegenwart von liquiditätsbeschränkten Wirtschaftssubjekten genutzt, dann gilt die Äquivalenzthese nicht mehr: Auch bei Rationalverhalten führt die Kreditfinanzierung staatlicher Ausgaben zu erhöhtem Konsum und verringerter Ersparnis.

Kann nun aus dem Auftreten solcher positiver Vermögenseffekte der Staatsverschuldung geschlossen werden, dieses Finanzierungsinstrument korrigiere Kreditmarktimperfektionen? Erhöht die Staatsverschuldung die Effizienz der Kreditmärkte? Diesen Fragen soll im folgenden nachgegangen werden, indem untersucht wird, worin die so bezeichneten Kreditmarktimperfektionen ihre Ursachen haben und wie die staatliche Kreditnahme unter Effizienzgesichtspunkten zu beurteilen ist.

III. Wohlfahrtseffekte der Staatsverschuldung im Kreditmarktmodell

1. Das Phänomen der Kreditrationierung

Die in C. II. abgeleiteten und üblicherweise in der Literatur anerkannten positiven Vermögenseffekte der Staatsverschuldung treten auf,

— wenn private Haushalte sich nur zu einem höheren Zinssatz verschulden können als der Staat, oder

— wenn private Haushalte sich auf dem Kreditmarkt überhaupt nicht verschulden können.

Eine Mischform der beiden eben genannten Fälle liegt dann vor, wenn sich Wirtschaftssubjekte auf dem privaten Kreditmarkt nur zu einem höheren Zinssatz als der Staat und nicht in dem Ausmaß, wie sie das bei diesem Zinssatz gewünscht hätten, verschulden können.

Wirtschaftssubjekte, denen das Bankensystem nur eine geringere als die zum herrschenden Sollzinssatz gewünschte Kreditsumme zur Verfügung stellt, erfahren durch die staatliche Kreditfinanzierung eine differentielle Erweiterung ihrer Konsummöglichkeiten in der Gegenwart. Im Ergebnis bewirkt die staatliche Kreditaufnahme somit, daß die mengenmäßige Rationierung auf dem Kreditmarkt aufgehoben oder zumindest tendenziell verringert wird.

Handelt es sich bei den hier zu untersuchenden Einschränkungen der Verschuldungsmöglichkeiten privater Wirtschaftssubjekte tatsächlich um „Kreditmarktimperfektionen"? Deuten diese wirklich auf ineffiziente Kreditmärkte hin? Hinter einer solchen Einordnung steht offenbar die Vorstellung, daß auch auf dem Kreditmarkt wie auf allen anderen Märkten der Preis, in diesem Fall der Zins, die Steuerungsgröße sei, die Angebot und Nachfrage zum Ausgleich zu bringen habe. Nach dieser Vorstellung dürfte eine mengenmäßige Rationierung nicht auftreten, und ein Zinsdifferential zwischen Soll- und Habenzinssatz wäre allenfalls insoweit gerechtfertigt, als es die Transaktionskosten des Bankensystems, die Kosten der Kredittransformation, reflektiert.

Die Einordnung der Liquiditätsrestriktionen als Ausdruck von ineffizienten Kreditmärkten erscheint jedoch etwas zu vorschnell, solange nicht überprüft ist, worin die divergierenden Verschuldungsmöglichkeiten für die Wirtschaftssubjekte ihre Ursache haben. Die Tatsache, daß Kredit nicht allein über den Zinssatz alloziiert wird, bedeutet ja noch nicht, daß die realisierte Allokation ineffizient ist. In einer Welt, in der die Voraussetzungen der vollkommenen Information bzw. der vollkommenen Voraussicht nicht gegeben sind, ist die Entscheidung über eine Kreditvergabe mit Unsicherheit behaftet. Der Ertrag, den eine Bank durch ein Kreditgeschäft erzielt, ist somit nicht nur von der Höhe des Zinssatzes, sondern auch von dem damit verbundenen Kreditrisiko abhängig. Insofern erscheint es nur konsequent, wenn Banken eine Kreditvergabe neben der Zinshöhe auch von anderen Faktoren wie Kredithöhe oder Kredit-Sicherheiten abhängig machen. Soweit die kreditmarktbedingten Liquiditätsrestriktionen sich aus dem Gewinnmaximierungsverhalten der Banken bei unvollkommener Information über die Schuldnerrisiken ergeben, kann u. E. noch nicht von Marktunvollkommenheiten gesprochen werden. Dies erscheint erst dann möglich, wenn bei der gegebenen verfügbaren Informationsmenge ein Allokationsergebnis bestimmt werden könnte, das dem vom Bankensystem realisierten Marktergebnis im Sinne des Pareto-Kriteriums überlegen ist.

Aus diesem Grund wird im folgenden untersucht, wie sich diese Beschränkungen der Verschuldungsmöglichkeiten aus dem Kreditangebotsverhalten der Banken ergeben. Die wesentlichen Ursachen für ein Zinsdifferential zwischen Soll- und Habenzinssatz liegen in den Informations- und Verwaltungskosten des Bankensystems, der möglichen Nutzung von Marktmacht sowie dem mit der Kreditvergabe verbundenen Zahlungsrisiko. Der Einfluß oligopolistischer oder monopolistischer Strukturen auf dem Kreditmarkt sowie der Transaktionskosten wird in Punkt C. IV. behandelt. Der Schwerpunkt der anschließenden Ausführungen liegt auf dem Zahlungsrisiko, weil damit nicht nur ein Zinsdifferential, sondern auch Kreditrationierung erklärt werden kann.

Das Phänomen der Kreditrationierung durch das Bankensystem wurde bisher fast ausschließlich im Zusammenhang mit geldpolitischen Fragen behandelt.[15] So versucht die „Kreditverfügbarkeitstheorie" (availability doctrine) zu erklären, wie Geldpolitik Wirkungen entfalten kann, auch wenn dadurch keine oder nur sehr geringe Änderungen des Zinsniveaus ausgelöst werden.[16] Die Transmission eines geldpolitischen Impulses erfolgt demnach nicht nur über den Zins sowie zinselastische Nachfragekomponenten, sondern auch

---

15 Baltensperger, E., Credit Rationing — Issues and Questions, in: J. Mon. Cred. Bank., Vol. 10 (1978), S. 170; Koskela, E., A Study of Bank Behavior and Credit Rationing,Academia Scientiarum Fennica, Helsinki 1976, S 5 ff.

16 Roosa, R. V., Interest Rates and the Central Bank, in: Money, Trade and Economic Growth: Essays in Honor of John Henry Williams, New York 1951, S. 270—295; Lindbeck, A., The „New" Theory of Credit Control in the United States, 2. Aufl., Stockholm u. a. 1962, S. 40.

über die angebotene Kreditmenge, also Verschärfungen bzw. Verringerung der Kreditrationierung. Allerdings fehlte eine mikroökonomische Fundierung für die Starrheit des Zinsniveaus: „The stickiness of loan rates was a sine qua non for the effect, but the proponents of the ‚availability doctrine' presented no convincing rationale for this stickiness."[17] Diese Lücke zu füllen, wurde jedoch in den letzten Jahren in einer Reihe von Arbeiten versucht.[18] Das Interesse konzentrierte sich hierbei auf dauerhafte Kreditrationierung (equilibrium rationing) im Gegensatz zur nur vorübergehenden (disequilibrium rationing) aufgrund von Zinsanpassungsverzögerungen. Jaffee und Modigliani[19] begründeten Kreditrationierung mit beschränkten Möglichkeiten der Banken zur Zinsdifferenzierung bei verschiedenen Kunden: exogene Beschränkungen, wie Wuchergesetze, moralische Bedenken oder Ansehen der Bank,[20] verhindern, daß den unterschiedlichen Kunden der jeweils als optimal angesehene Zins abverlangt werden kann. Die Folge ist, daß Kredit zu einem durchschnittlichen Zinssatz angeboten wird, bei dem jedoch die Nachfrage das Angebot übersteigt. Baltensperger kritisiert an diesem Ansatz, daß er trotz des großen mathematischen Aufwandes keine endogene Erklärung für die Ursachen der mangelnden Differenzierungsfähigkeit liefert. „The fact, that perfect price differentiation is impossible is introduced as an entirely exogenous element into their theory."[21]

Neuere Arbeiten versuchen dagegen, diese geringe Differenzierungsfähigkeit aus dem Optimierungsverhalten der Banken bei beschränkter Information zu erklären. Aus der Sicht der Bank ist es in diesen Modellen zunächst nicht möglich, das Kreditrisiko einzelner Nachfrager einzuschätzen. Würde nun der Zinssatz als einzige Entscheidungsvariable angewandt, so bestünde die Gefahr, daß über einen Prozeß

---

[17] Koskela, E., S. 6.

[18] Vgl. hierzu den Übersichtsartikel von Baltensperger, E.

[19] Jaffee, D. M. / Modigliani, F., A Theory and Test of Credit Rationing, in: Am. Econ. Rev., Vol. 59 (1969), S. 850—872.

[20] Ebenda, S. 860.

[21] Baltensperger, E., S. 175.

der „adverse selection" gerade die schlechteren Kreditrisiken zum Zuge kämen. Im Rationierungsmodell von Stiglitz und Weiss[22] sind hierfür zwei Faktoren maßgeblich. In diesem Modell werden Kredite nur zur Finanzierung von Investitionsprojekten nachgefragt. Stiglitz und Weiss nehmen an, daß Investoren, die hohe Zinssätze zu zahlen bereit sind, eine geringe Risikoaversion haben, während risikoaverse Investoren sich nur zu niedrigen Zinsen verschulden würden. Würden die Banken hohe Zinsen verlangen, so würden sich nur riskante Projekte durchsetzen und die sicheren Kreditnehmer verdrängen.[23] Bei niedrigen Zinsen bekommen dagegen auch risikoaverse Investoren Kredit. Somit könnten die Erträge der Bank bei niedrigen Zinsen größer sein als bei hohen. Verstärkt würde der adverse selection Effekt hoher Zinsen durch einen „incentive-Mechanismus".[24] Hohe Zinsen verstärken den Anreiz für Investoren, Projekte mit höheren Gewinnchancen aber auch mit höherem Risiko zu realisieren. Dies könnte wiederum die Erträge der Bank verringern. In diesem Rahmen wäre es für eine Bank rational, einen niedrigeren als den am Markt durchsetzbaren Zinssatz zu verlangen und stattdessen die Kreditmenge zu rationieren.

Ein weiterer Ansatz zur Erklärung von Kreditrationierung wurde von Jaffee und Russell entwickelt.[25] Auch hier kann durch Kreditrationierung adverse selection, also eine Verdrängung „guter" Schuldner durch „schlechte" vermieden werden. Der Ansatz von Jaffee und Russell ist für eine Untersuchung der Wirkungen der Staatsverschuldung im Rahmen des Äquivalenztheorems aus zweierlei Gründen besonders geeignet.

— Erstens wird in diesem Modell die Kreditnachfrage aus einer intertemporalen Konsumoptimierung abgeleitet und nicht, wie in den meisten anderen Kreditrationierungs-

---

22 Stiglitz, J. E. / Weiss, A., Credit Rationing in Markets with Imperfect Information, in: Am. Econ. Rev., Vol. 71 (1981), S. 393—410.

23 Ebenda, S. 397.

24 Ebenda, S. 401.

25 Jaffee, D. M. / Russell, T., Imperfect Information, Uncertainty, and Credit Rationing, in: Quart. J. Ec., Vol. 90 (1976), S. 651—666.

modellen, aus der Entscheidung über Investitionsprojekte. Dadurch ist es möglich, in einem Modellrahmen mit Kreditrationierung die Auswirkungen der Staatsverschuldung auf die individuelle Konsum-/Sparentscheidung aufzuzeigen.

— Zweitens liefert das Jaffee-Russell-Modell, neben einer Erklärung der mengenmäßigen Kreditrationierung, auch eine Begründung für ein mögliches Auseinanderfallen von Soll- und Habenzinssatz. Damit ist es geeignet, die Zinsstruktur zu erklären, bei der Vermögenseffekte der Staatsverschuldung aufgrund divergierender Zeitpräferenzraten auftreten können.

Wohl aus diesen Gründen wurde das Jaffee-Russell-Modell tatsächlich bereits herangezogen, um das Äquivalenztheorem mikroökonomisch fundiert genauer zu behandeln. Webb[26] versuchte, damit zu zeigen, daß Staatsverschuldung die Effizienz der Kreditmärkte erhöhe. Allerdings beruhen u. E. Webbs Ergebnisse auf einer für seine Zwecke etwas unkritischen Übernahme des Jaffee-Russell-Modells. Im folgenden wird das Jaffee-Russell-Modell etwas genauer dargestellt, um dann die Ergebnisse von Webb einer Überprüfung zu unterziehen. Dabei ist exemplarisch zu zeigen, welche zusätzlichen Annahmen erfüllt sein müssen, damit Staatsverschuldung effizienzerhöhend wirken kann.

2. *Das Kreditmarktmodell von Jaffee und Russell*

Das Rationierungsmodell von Jaffee und Russell entstammt dem relativ jungen Forschungsgebiet der Informationsökonomik. Der Grundgedanke des Modells liegt darin, daß Kreditmärkte typischerweise durch asymmetrische Informationsstruktur gekennzeichnet sind. Die Kreditanbieter wissen zwar, daß manche Kreditnehmer ihre Schulden nicht

[26] Webb, D. C, The Net Wealth Effect of Government Bonds when Credit Markets are Imperfect, in: Ec. J., Vol. 91 (1981), S. 405—414; Diese Überlegungen integrierte er auch in einer weiteren Arbeit, vgl. ders., Default Risk in a Model of Corporate and Government Finance, in: J. Publ. Ec., Vol. 17 (1982), S. 287—306.

zurückzahlen werden, zum Zeitpunkt der Kreditvergabe können die Anbieter diese jedoch nicht identifizieren. Akerlof[27] zeigte anhand mehrerer Beispiele, daß auf Märkten mit asymmetrischer Informationsstruktur tendenziell die gute Qualität durch schlechte Qualität verdrängt wird, wenn die Allokation nur über den Preismechanismus erfolgt. Asymmetrische Information führt also zu adverse selection. Auf Gütermärkten kann dies jedoch vermieden werden, indem die Anbieter guter Qualität den Nachfragern zusätzliche Information bereitstellen („signalling")[28], beispielsweise, indem durch Markenartikel bestimmte Qualitätsstandards garantiert werden.[29] Durch „signalling" kann eine Selbstselektion, eine Auslese der guten Qualität bewirkt werden. Auf dem Kreditmarkt, so das Modell von Jaffee und Russell, findet eine Selbstselektion, also die Auslese der „guten" Schuldner, durch Rationierung statt.

Auf der Nachfrageseite dieses Modells gibt es bei Jaffee und Russell „ehrliche" und „unehrliche" Kreditnehmer.[30] Mit Ausnahme dieser Eigenschaft unterscheiden sie sich nicht, so daß sie von den Kreditanbietern zunächst nicht identifiziert werden können. Das Kreditnachfrageverhalten wird aus einem einfachen Fisherschen Zwei-Perioden-Konsummodell hergeleitet. Die Wirtschaftssubjekte verfügen über identische intertemporale Nutzenfunktionen bezüglich des Konsums der Perioden 1 und 2 mit abnehmender Grenzrate der Substitution zwischen c_1 und c_2:

$$U = U\,(c_1;\, c_2)$$

[27] Akerlof, G. A., The Market for „Lemons": Quality Uncertainty and the Market Mechanism, in: Quart. J. Ec., Vol. 84 (1970), S. 488—500 .

[28] Spence, M., Informational Aspects of Market Structure: An Introduction, in: Quart. J. Ec., Vol. 90 (1976), S. 592.

[29] Akerlof. G. A., Reply to Professor Heal, in: Quart, J. Ec., Vol. 90 (1976), S. 503.

[30] Mit dieser Annahme wird das Jaffee Russell Modell nicht etwa ein Beitrag zum optimalen Kreditbetrug. Damit wird lediglich eine Kreditausfallfunktion p abgeleitet (vgl. S. 89). Eine solche Funktion könnte auch ohne diese Annahme abgeleitet werden, nämlich dann, wenn Unsicherheit bezüglich des Zukunftseinkommens vorliegt, vgl. Jaffee, D. M. / Russell, T., S. 657.

Die Einkommen der beiden Perioden y_1 und y_2 seien ebenfalls für alle gleich und bekannt. Sie können sich zum einheitlichen Sollzinssatz i verschulden. Die ehrlichen Wirtschaftssubjekte legen ihren optimalen Konsumplan c_1^*, c_2^* fest, indem sie ihre intertemporale Nutzenfunktion unter Berücksichtigung der Budgetrestriktion

$$c_2 = y_2 - (c_1 - y_1)\,(1 + i)$$

maximieren. Daraus läßt sich eine eindeutige Kreditnachfragefunktion

$$L^* = L^*\,(i)$$

ableiten, wobei

$$L = c_1 - y_1 \text{ und } \frac{dL^*}{di} < 0.$$

Unehrliche Kreditnehmer sind im Jaffee-Russell-Modell dadurch gekennzeichnet, daß sie ihre Schulden immer dann nicht zurückzahlen, wenn sie ihre Konsummöglichkeiten erweitern können. Dabei wird angenommen, daß die Nichtrückzahlung der Schulden Kosten bzw. eine Strafe in Höhe von z verursacht. Im Fall der Nichttilgung würde also das Einkommen der zweiten Periode um z verringert. Inhaltlich könnte z als Verringerung der Verdienstmöglichkeiten der Periode 2 interpretiert werden, die sich aufgrund der nun offenbarten Unehrlichkeit ergibt. Optimierendes Verhalten der unehrlichen Schuldner bedeutet dann, daß sie ihre Schulden dann nicht zurückzahlen, wenn der Zins- und Tilgungsbetrag $L^*\,(1 + i)$ größer ist als z. Die Konsumpläne der unehrlichen Haushalte in den beiden Perioden sind dann

$$c_1 = y_1 + L^*$$

$$c_2 = y_2 - z$$

für den Fall, daß die Schulden nicht zurückgezahlt werden. Ist dagegen $z > L^*\,(1 + i)$, so wäre eine Nichtrückzahlung ungünstiger, und sie verhalten sich wie ehrliche Schuldner, also

$$c_1 = y_1 + L^*$$

$$c_2 = y_2 - L^* (1 + i).$$

Da sich unehrliche Kreditnehmer in der ersten, der Verschuldungsperiode, nicht zu erkennen geben, lautet die Kreditnachfrage jedoch für alle Individuen, also ehrliche wie unehrliche

(1) $$L^* = L^* (i).$$

Kreditanbieter sind in diesem Modell Finanzintermediäre, die ihre Einlagen zu einem Habenzinssatz ohne Risikozuschlag r verzinsen. Den Kreditanbietern ist bekannt, daß ein Teil der Schulden nicht zurückgezahlt wird. Um eine Kreditangebotsfunktion zu ermitteln, werden noch einige zusätzliche Annahmen getroffen. Die Kosten der Nichttilgung z sollen für die einzelnen Individuen jeweils eine unterschiedliche Höhe annehmen. Sie sollen innerhalb einer Bandbreite von z_{min} bis z_{max} liegen. Der für einige Individuen geltende höchste Strafbetrag z_{max} sei so hoch, daß die betroffenen Wirtschaftssubjekte — obwohl eigentlich unehrlich — ihre Schulden trotzdem immer zurückzahlen. Sie verhalten sich tatsächlich so, „als ob" sie ehrlich wären. Außerdem gibt es eine „Mindeststrafe" z_{min}, die sicherstellt, daß Schulden in Höhe von $L\ (1 + i) \leq z_{min}$ immer zurückgezahlt werden.

Damit erhalten wir eine feste Beziehung zwischen dem Anteil der Schulden, die tatsächlich zurückgezahlt werden, und der Höhe des eigentlich zurückzuzahlenden Betrages. Die Funktion

$$p = p[L(1 + i)] \ mit \ \frac{\delta p}{\delta L} < 0, \ \frac{\delta p}{\delta i} < 0$$

beschreibt den Anteil der zurückgezahlten Schulden in Abhängigkeit von der Höhe des Kredits L und dem Sollzinssatz

i. Ist $L\ (1 + i) \leq z_{min}$, so ist es für alle unehrlichen Schuldner günstiger, ihre Kredite zurückzuzahlen und $p = 1$. Mit steigendem L und i werden immer weniger Schulden zurückgezahlt, da nun für einige unehrliche Individuen der Zins- und Tilgungsbetrag die Strafe z übersteigt.

Die Kreditanbieter maximieren den Erwartungswert des pro Kredit erwirtschafteten Gewinns π. Dabei ist

$$\pi = p\ [L(1 + i)] \cdot L(1 + i) - L(1 + r).$$

Der erste Ausdruck auf der rechten Seite steht für den erwarteten Rückfluß aus dem Kreditgeschäft, der zweite für die Kosten, also die Verzinsung der Einlagen des Kreditinstitutes. Auf dem Wettbewerbsmarkt geht der erwartete Gewinn gegen Null, so daß unter Vernachlässigung von Transaktionskosten im Gleichgewicht gilt:

(2) $$p\ [L(1 + i)] \cdot (1 + i) = (1 + r)$$

Diese Beziehung repräsentiert die Angebotsfunktion für Kredite.

Graphisch stellt sich der Kreditmarkt nun folgendermaßen dar:

Abbildung 4

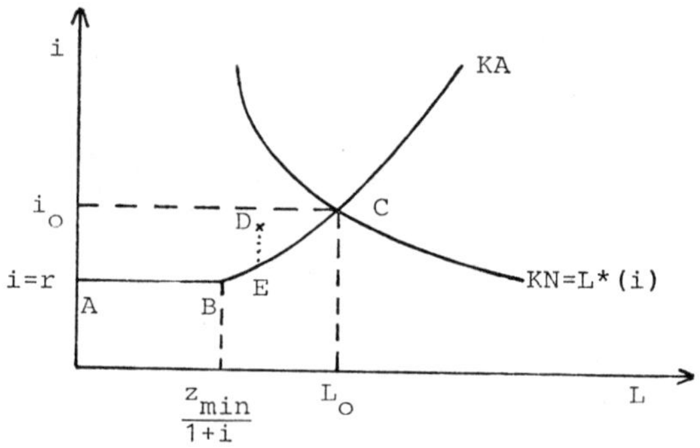

Jaffee und Russell entwickeln daraus mehrere mögliche Lösungen.

Wird (1) in (2) substituiert, so erhält man Gleichgewichtswerte für den Kreditbetrag L und den Sollzinssatz i. Ergibt sich eine Lösung mit $L \leq \frac{z_{min}}{(1+i)}$ (in Abb. 6 ein Schnittpunkt im vollkommen elastischen Bereich AB der Kreditangebotsfunktion), so wird $i = r$, da wegen des geringen Kreditbetrags alle Schulden zurückgezahlt werden, der Sollzinssatz somit keine Kreditausfälle abzudecken braucht. Da sich Kreditangebot und Kreditnachfrage ausgleichen, kommt es zu keiner Kreditmengenrationierung.

Für den Fall, daß $L < \frac{z_{min}}{(1+i)}$ (Schnittpunkt im steigenden Bereich der Kreditangebotsfunktion) wird ein Teil der Schulden nicht zurückgezahlt, somit wird $p < 1$, und die Kreditinstitute müssen, um diese Ausfälle zu decken, einen höheren Sollzins verlangen, folglich gilt $i > r$. Auch in diesem Fall gleichen sich Angebot und Nachfrage aus, so daß keine Kreditrationierung auftritt.

Als dritte Möglichkeit zeigen Jaffee und Russell, daß auch Rationierungslösungen möglich sind. Ausgehend vom Gleichgewicht C wäre es für Kreditanbieter rational, Kreditkontrakte wie D, mit $i < i_0$ und $L < L_0$ anzubieten. Da dieser Kontrakt über der Angebotsfunktion liegt, wäre er mit positivem Gewinn verbunden. Ehrliche Kreditnachfrager würden nun den Kontrakt D dem Kontrakt C vorziehen, obwohl der Kreditbetrag geringer ist als der eigentlich gewünschte.[31] Dies deshalb, weil nun weniger Kredite ausfallen und dieser Vorteil an die ehrlichen Schuldner in Form niedrigerer Zinsen weitergegeben wird. Der Wettbewerb führt dann zu weiteren Zinssenkungen, bis ein Rationierungsgleichgewicht E auf der Kreditangebotsfunktion erreicht wird, bei dem das Bankensystem keine Profite mehr macht. Solche Rationierungsgleichgewichte treten immer dann auf, wenn Kontrakte entlang des Abschnittes BC der Kreditangebotsfunktion angeboten werden.

[31] Vgl. zur exakten Begründung Jaffee, D. M. / Russell, T., S. 661, und Appendix S. 665.

Im weiteren untersuchen Jaffee und Russell dynamische Lösungen, in denen neue Kreditanbieter auf dem Markt auftreten, sowie den Fall, daß das Kreditangebot monopolisiert ist. Für den Fortgang der Argumentation ist es jedoch nicht erforderlich, auf diese Fälle näher einzugehen.

3. *Wohlfahrtseffekte der Staatsverschuldung im Webb-Modell*

a) Das Webb-Modell

Webb nimmt das Jaffee-Russell-Modell zum Ausgangspunkt, um wohlfahrtssteigernde Wirkungen der Staatsverschuldung aufzuzeigen. Dieses Ergebnis beruht jedoch in erster Linie darauf, daß Webb die Unterscheidung in ehrliche und unehrliche Kreditnehmer allzu wörtlich interpretiert. Im Jaffee-Russell-Modell diente diese Einteilung zur Herleitung der Kreditausfallfunktion p, die jedoch auch mit „realistischeren" Annahmen hätte abgeleitet werden können. Für Webb dagegen steht die Eigenschaft der Ehrlichkeit im Mittelpunkt der Analyse, sie ist offenbar die einzige Quelle von Risiko bei der Kreditvergabe.

Webb greift ein Teilergebnis des Jaffee-Russell-Modells, nämlich den Fall mit $L > \frac{z_{min}}{(1+i)}$ und $i > r$ heraus, also die Lösung ohne Kreditrationierung aber mit divergierenden Soll- und Habenzinssätzen.[32] Er hält dieses Gleichgewicht für ineffizient, da der Kreditzins die Grenzkosten der Einlagen (marginal cost of funds), also den Einlagenzinssatz übersteigt.[33] Wie bei Jaffee/Russell bleiben Kreditvermittlungs- und Verwaltungskosten unberücksichtigt. Die Einordnung als Kreditmarktimperfektion könnte natürlich, ohne daß Webb sie explizit vollzieht, auch für den Rationierungsfall vorgenommen werden. Mit Hilfe zusätzlicher Annahmen versucht er dann zu zeigen, wie durch Staatsverschuldung derartige

---

[32] Webb, D. C., The Net Wealth Effect, und ders. Default Risk, S. 295—299.

[33] Webb, D. C., The Net Wealth Effect, S. 408.

Kreditmarktimperfektionen korrigiert werden können. Sodann erweitert er das Modell von Jaffee und Russell in der Weise, daß die Banken gute und schlechte Kreditrisiken unterscheiden. Dies hat zur Folge, daß gute Risiken mehr Kredit zu niedrigeren Zinsen bekommen als schlechte. Aber auch in diesem Fall kann durch Staatsverschuldung eine Effizienzsteigerung auf dem Kreditmarkt bewirkt werden.

Zur Demonstration der effizienzsteigernden Wirkung der Staatsverschuldung auf dem Kreditmarkt ist bei Webb eine zusätzliche — freilich entscheidende — Annahme erforderlich. Es wird unterstellt, daß der Staat als Gläubiger eher dazu in der Lage sei, Schulden einzufordern, als private Gläubiger. Begründet wird diese Annahme damit, daß einerseits bei Nichtbezahlung von Steuern höhere Strafbeträge z anfallen, andererseits dem Staat durch den Quellenabzug bei der Besteuerung ein direkter Zugriff auf das Einkommen der Privaten möglich ist. Zur Vereinfachung wird davon ausgegangen, daß der Staat seine Steuerforderungen immer durchsetzen kann. Diese Fähigkeit führt dazu, daß der Staat ein absolut „ehrlicher" Schuldner ist, so daß er sich zum Einlagenzinssatz r verschulden kann. Webb simuliert dann die Differentialwirkungen der staatlichen Kreditnahme durch kreditfinanzierte Transferausgaben. Diese sind jedoch nicht als zusätzliche, kreditfinanzierte Staatsausgaben anzusehen, sonst würde man ja Budgetwirkungen behandeln. Die Transferzahlungen sind vielmehr als Steuersenkungen (Erhöhung des verfügbaren Einkommens) bei gegebenen, bisher nur steuerfinanzierten Staatsausgaben zu betrachten.

Der Staat nimmt in der Periode 1 den Betrag V auf und muß in der Periode 2 $V(1 + r)$ zurückzahlen. Vom Anleihebetrag V erhält jeder Kreditnehmer in Periode 1 eine Transferzahlung in Höhe von v, in Periode 2 müsen diese dann jeweils den Betrag $v(1 + r)$ an den Staat zurückzahlen und wegen der obigen Annahme tun sie das auch. Die Zwei-Perioden-Budgetgleichung für die betrachteten Individuen lautet nun

$$c_2 = y_2 - (c_1 - y_1 + v)(1 + i) - v(1 + r).$$

Hieraus ist klar zu erkennen, daß für den Fall $i > r$ sich durch den staatlichen Eingriff die Konsummöglichkeiten verbessern. Im Grunde tritt der Staat als zusätzlicher Finanzintermediär zwischen den Bankensektor und die Privaten. Durch seine angenommene Fähigkeit, Steuerzahlungen zu erzwingen, ist der Staat in der Lage, Kredite zum geringeren Zinssatz r, der eben keinen Risikozuschlag enthält, zu vergeben.

Wird die Nutzenfunktion der Individuen nun unter Berücksichtigung der neuen Budgetrestriktion maximiert, so erhalten wir als neue Kreditnachfragefunktion

$$L^* = c_1 - (y_1 + v) = L^* (i, v) \tag{3}$$

für gegebene y_1, y_2 und r. Dabei nimmt mit steigendem v die vom Sollzinssatz i abhängige Marktnachfrage nach Krediten ab, da die kreditfinanzierten staatlichen Transferleistungen private Kreditnachfrage verdrängen, bzw. an deren Stelle treten. Wird die neue Kreditnachfragefunktion (3) in die Kreditangebotsfunktion (2) substituiert, so erhält man für jeden Wert von v gleichgewichtige Wertepaare für den Kreditumfang L und den Kreditzinssatz i, und zwar sinken sowohl L als auch i mit steigendem v. Solange die gleichgewichtige Kredithöhe die Mindestkosten der Nichttilgung übersteigt, also $L > \frac{z_{min}}{(1 + i)}$, wird immer noch ein Teil der Schulden in der nächsten Periode nicht zurückgezahlt. Damit bleibt $p < 1$ mit der Konsequenz, daß Soll- und Habenzinssatz auseinanderfallen, also $i > r$. Nach Webbs Argumentation kann in einer derartigen Situation der Staat die Effizienz des Kreditmarktes erhöhen, indem er sich stärker verschuldet, die Transferzahlung v anhebt und damit die Marktnachfrage nach Krediten L verringert. v solle solange gesteigert werden, bis $L = \frac{z_{min}}{(1 + i)}$. Dann hätte die staatliche Verschuldung bewirkt, daß alle privaten Schulden zurückgezahlt würden und der Kreditzinssatz auf das Niveau des Einlagenzinssatzes heruntergedrückt würde, also ein einheitlicher Zinssatz $i = r$ herrschte.

Nach Webb ist nun ein Paretooptimum erreicht, da die Grenzkosten der Einlagen r mit dem Sollzinssatz übereinstimmen. Die Staatsverschuldung führe dazu, daß „government debt (good debt) drives out private debt (bad debt) — a reversal of Gresham's law".[34] Die Vorstellung, die staatliche Verschuldung führe Zug um Zug zu einer Verdrängung schlechter Kredite ist u. E. nicht ganz korrekt. Durch den staatlichen Eingriff wird nicht nur das Niveau der Sollzinsen gedrückt, sondern insgesamt auch ein höheres Kreditvolumen realisiert. Diesen Kreditmengeneffekt der staatlichen Kredittransaktion verdeutlicht Abb. 5:

Abbildung 5

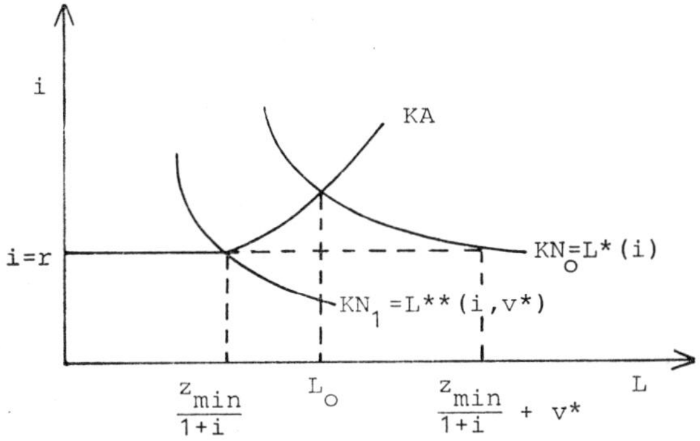

Die Kreditnachfrage $L^*(i)$ entspricht der Situation ohne Staat, $L^{**}(i, v)$ der mit staatlicher Verschuldung. Die Kurve L^{**} ist genau um den Betrag v^* nach links verschoben, so daß auf dem privaten Kreditmarkt nur mehr Kredite in Höhe von $\frac{z_{min}}{(1+i)}$ vergeben werden. Effektiv, also zusammen mit der staatlichen Transferzahlung beträgt die Verschuldung nun jedoch $\frac{z_{min}}{(1+i)} + v^*$, und dieser Verschuldungsbetrag ist höher als der Betrag L_o, der ohne die staatliche Verschuldung vergeben worden wäre (vorausgesetzt, daß L_o auf dem steigen-

[34] Webb, D. C., The Net Wealth Effect, S. 410.

den Ast der Kreditangebotsfunktion gelegen hätte). Die effektive Verschuldung je Kreditnehmer erhöht sich durch die staatliche Transaktion um $\frac{z_{min}}{(1+i)} + v^* - L_0$.

Auch wenn man, anders als Webb, nicht ein markträumendes, sondern ein Rationierungsgleichgewicht als Ausgangslage annehmen würde, hätte Staatsverschuldung wiederum die gleiche Wirkung: Für $v = v^*$ würde wieder der Sollzinssatz i auf den Einlagensatz r heruntergedrückt, und die effektive Kreditsumme wäre wieder $\frac{z_{min}}{(1+i)} + v^*$. Im Gegensatz zur vorherigen Lösung wäre nun jedoch, eben weil in der Ausgangslage Kredit rationiert wurde, der Kreditmengeneffekt größer.

In beiden Fällen würde jedoch eine Erhöhung von v über v^* hinaus zu keinem zusätzlichen Wohlfahrtsgewinn mehr führen. Eine weitere Zinssenkung auf dem privaten Markt könnte durch staatliche Kreditnahme nicht mehr bewirkt werden, ebenso würde die insgesamt realisierte Kreditmenge nicht über $\frac{z_{min}}{(1+i)} + v^*$ ansteigen. Lediglich die Zusammensetzung von privatem Kredit $L^{**}(i, v)$ und Transfers v würde sich zugunsten des staatlichen Anteils verändern.

Um nun den Zusammenhang zum Äquivalenztheorem wiederherzustellen, kann zunächst festgehalten werden, daß im Rahmen des Webb-Modells durch Staatsverschuldung größere Kreditvolumina realisiert werden, als auf rein privaten Kreditmärkten. Da annahmegemäß die Kredite nur für konsumtive Zwecke nachgefragt werden, führt Staatsverschuldung somit zu differentiellem Mehrkonsum, auch ohne daß die Wirtschaftssubjekte einer Staatsschuldillusion unterliegen. Der Kreditmengeneffekt, und damit der differentielle Mehrkonsum, ist dann stärker, wenn in der Ausgangslage (ohne Staatsverschuldung) Kredit rationiert wurde.

Im dritten Abschnitt nimmt Webb eine Erweiterung vor, die die Möglichkeit divergierender Sollzinssätze für verschiedene Risikoklassen erklärt. Auch aus einer solchen Situation heraus kann nach Webb wiederum durch staatliche Kreditnahme der effektive Preis für die intertemporale Konsumverlagerung für alle Risikoklassen auf den Einlagenzins r gedrückt werden. Er nimmt dazu an, daß die Individuen anhand von wie auch immer gearteten Kreditwürdigkeitsindikatoren in Klassen mit hohem und in Klassen mit niedrigem Kreditrisiko aufgeteilt werden. Es gibt jedoch weiterhin innerhalb beider Risikoklassen ehrliche und unehrliche Kreditnehmer. Die Mindeststrafe für Nichtrückzahlung der Schulden sei in der Klasse mit hohem Risiko kleiner als in der mit niedrigem Risiko: $z^h_{min} < z^l_{min}$. Das heißt, daß Mitglieder der Klasse mit hohem Kreditrisiko Schulden immer dann zurückzahlen, wenn sie kleiner als z^h_{min} sind, und diejenigen der Klasse mit geringem Risiko, wenn sie geringer als z^l_{min} sind. Damit ergeben sich für die beiden Risikoklassen zwei getrennte Funktionen, die die Kreditrückzahlungsquoten p^h und p^l angeben. Dabei gilt nun für jeden möglichen Kreditvertrag $L(1 + i) > z^h_{min}$, daß $p^h < p^l$; für eine bestimmte Schuldensumme ist der erwartete Anteil, der zurückgezahlt wird, in der Klasse mit hohem Risiko immer geringer als in der Klasse mit niedrigem Risiko. Als reine Marktlösung würden nun, wie intuitiv einsichtig ist, zwei Arten von Kreditverträgen, (L^h, i^h) und (L^l, i^l) abgeschlossen, wobei $L^h < L^l$ und $i^h > i^l$. Da aber auch in der Kasse mit geringem Risiko unehrliche Wirtschaftssubjekte enthalten sind, ist $i^l > r$ solange $L^l > \frac{z^l_{min}}{(1 + i^l)}$.

Auch ohne eine detaillierte Ableitung der Effekte der staatlichen Kredittransaktion dürfte klar sein, daß in diesem Rahmen Staatsverschuldung wieder zu einer Senkung der effektiven Sollzinssätze und damit auch zu positiven Kreditmengeneffekten führt. Die staatlichen Transferzahlungen reduzieren wieder die teuerere private Verschuldung. Eine Optimalsituation im Sinne von Webb wird dann erreicht, wenn v eine solche Höhe annimmt, daß der größte noch auf dem Markt zustandekommende Kreditbetrag geringer ist als $\frac{z^h_{min}}{(1 + i^h)}$. Dann können sich alle Wirtschaftssubjekte zum Einlagenzinssatz verschulden, also $i^h = i^l = r$, weil bei dieser Kredithöhe alle privaten Schulden zurückgezahlt werden.

b) Kritik des Webb-Modells

Wie bereits angedeutet, ist das Ergebnis von Webb im wesentlichen auf eine mißverständliche Interpretation des Jaffee-Russell-Modells zurückzuführen.

Die grundlegende Absicht von Jaffee und Russell war, ein Kreditmarktmodell zu entwickeln, in dem aufgrund von Unsicherheit und asymmetrischer Informationsstruktur Kreditrationierung eintreten kann. Sie verzichten dabei explizit darauf, institutionelle (also exogene) Faktoren zur Erklärung dieses Phänomens heranzuziehen. Vielmehr geht es ihnen gerade darum, aus den entwickelten „reinen" Marktergebnissen das Zustandekommen bestimmter institutioneller Regelungen zu begründen. Solche Regelungen können in besonderen Bank-Kunden Beziehungen (borrower-lender relationships) bestehen, aber auch in Verbriefungen, Verpfändungen oder gesetzlich festgelegten Zinsobergrenzen. Sie wollten mit ihrem Modell weniger die Funktionsweise realer Kreditmärkte beschreiben, sondern lediglich zeigen, daß der Zins allein als Mittel zum Ausgleich von Angebot und Nachfrage auf dem Kreditmarkt nur beschränkt geeignet ist: „A proper interpretation of this paper is, that it predicts what would happen in the absence of the institutional arrangements found in actual loan markets."[35] Insofern scheint es nicht ih-

---

[35] Jaffee, D. M. / Russell, T., S. 664.

rer Intention zu entsprechen, aus diesem Modell allokationspolitische Schlußfolgerungen über die Wirkungsweise fiskalischer Instrumente für die reale Welt zu ziehen.

Webb dagegen greift ein Teilergebnis der Analyse von Jaffee und Russell heraus, faßt es offensichtlich als zutreffende Beschreibung der Realität auf und zeigt, wie in diesem Rahmen durch staatliche Kreditnahme eine Effizienzerhöhung bewirkt werden kann. Hält man sich jedoch den ursprünglichen Zweck des Modells von Jaffee und Russell vor Augen, so behandelt Webb eigentlich nur, wie Staatsverschuldung in einer Welt, in der die Ergebnisse des Kreditmarkts nicht durch institutionelle Regelungen korrigiert werden, wirken würde. Aussagen über die tatsächlichen Wohlfahrtseffekte der öffentlichen Kreditnahme können somit aus diesem Modell nur sehr bedingt abgeleitet werden.

Aber auch abgesehen von der generellen Eignung des zugrundegelegten Modells für Wirkungsaussagen über die öffentliche Kreditnahme sind noch weitere Einwände zu erheben. Webb konzentriert sich auf die Wohlfahrtseffekte der Staatsverschuldung. Aussagen über effizienzsteigernde Wirkungen einer Maßnahme können jedoch kaum aus einem partiellen Modell für Konsumentenkredite entwickelt werden. Dadurch gehen entscheidende Interdependenzen verloren, die jedoch auch wieder Rückwirkungen auf den ursprünglich gewählten Modellrahmen haben.

Da Webbs Hauptaugenmerk auf dem Effizienzkriterium $r = i$ liegt, wird der mit der staatlichen Intermediation verbundene Kreditmengeneffekt nicht explizit berücksichtigt. Dieser Kreditmengeneffekt löst aber Wirkungen aus, die für wohlfahrtstheoretische Analysen nicht vernachlässigt werden können.

Wenn in dem Modell gezeigt wird, daß staatliche Kreditnahme die Konsum-/Sparentscheidung zugunsten des Konsums beeinflußt, so kann das Einkommen der zweiten Periode y_2 nicht mehr als exogen gegeben hingenommen werden. Der differentiell höhere Gegenwartskonsum geht zu Lasten der Kapitalbildung, so daß y_2 in diesem Fall tendenziell geringer wird. Würde dieser Effekt in dem Modell berücksichtigt, indem die Bestimmung von y_2 endogenisiert wird, so könnten keine Verbesserungen im Sinne des Paretokriteriums mehr konstatiert werden: Der Erhöhung des Konsumspielraumes in der Ausgangsperiode steht eine Verringerung des Zukunftseinkommens gegenüber. Damit aber ist — solange keine zusätzlichen Annahmen bezüglich der Nutzenfunktion getroffen werden — die neue Situation einer wohlfahrtstheoretischen Bewertung nicht mehr zugänglich.

Aus der Vernachlässigung des Kreditmengeneffektes resultiert noch ein weiterer Einwand. Die Annahme eines konstanten Einlagenzinssatzes r läßt sich nicht mehr aufrechterhalten, wenn sich das gesamte Transaktionsvolumen auf dem Kreditmarkt erhöht. Zumindest erscheint die Annahme eines unendlich zinselastischen Angebots an Bankeinlagen unplausibel, wenn auf der anderen Seite die nachgefragte Kreditmenge sehr wohl vom Zins abhängt. Eine Berücksichtigung des Einlagenangebotsverhaltens der Sparer würde wiederum eine wohlfahrtstheoretische Bewertung der Staatsverschuldung erschweren. Dann müßte nämlich neben der im Webb-Modell aufgezeigten Zinssenkung auch eine tendenzielle Zinserhöhung eben wegen der gestiegenen Einlagenzinsen berücksichtigt werden.

Aber selbst wenn man den von Webb übernommenen partialanalytischen Modellrahmen einmal akzeptiert, so resultieren seine Ergebnisse aus einer sehr engen Auslegung des Jaffee-Russell-Modells. War die Annahme ehrlicher und unehrlicher Kreditnehmer bei Jaffee und Russell lediglich eine Variante, um die p-Funktion (Anteil der zurückgezahlten Schulden in Abhängigkeit des zurückzuzahlenden Betrages) herzuleiten, so ist bei Webb das Kreditausfallrisiko aufgrund von Unehrlichkeit die wesentliche Ursache für die effizienzsteigernde Wirkung der Staatsverschuldung. Während im Jaffee-Russell-Modell die Ergebnisse von der wie auch immer begründeten p-Funktion abhängen, bleibt Webb mit der Betonung dieser Eigenschaft gewissermaßen im Vorfeld des Jaffee-Russell-Modells. Im Grunde hängt die Wohlfahrtswirkung der Staatsverschuldung dann nur mehr von der einen Annahme ab, daß es dem Staat möglich ist, seine Steuerforderungen sicher einzutreiben. Wenn der Staat diese Fähigkeit tatsächlich hat, so folgt daraus jedoch noch keineswegs, daß Staatsverschuldung die einzige Möglichkeit ist, die beschriebene Effizienzsteigerung zu bewirken. Webb weist zwar darauf hin, daß das gleiche Ergebnis erzielt werden könnte, wenn der Staat die Schuldentilgung überwachen würde oder die Strafe für Nichttilgung entsprechend hoch ansetzen würde. Er lehnt diese Möglichkeit jedoch mit dem folgenden lapidaren Hinweis ab: „But this sort of monitoring would be difficult to undertake, it would be much easier to issue bonds in the way outlined above."[36]

Eine weitergehende Auseinandersetzung mit alternativen Kreditsicherungsmöglichkeiten durch den Staat findet sich nicht, obwohl sich in seinem Modellrahmen gleich mehrere, technisch durchaus einfacher zu bewältigende Lösungen geradezu anbieten.

Beispielsweise könnte der Staat durch entsprechende Gestaltung der property rights dafür Sorge tragen, daß zahlungsunwillige Kreditnehmer dennoch haftbar gemacht werden. Und in der Tat finden wir solche Regelungen in der Realität, sie sind geradezu der Grundgedanke des Zwangsvollstreckungswesens. Hätte der Staat tatsächlich die Möglichkeit, jede Forderung einzutreiben, so könnte er auch für den privaten Sektor den rechtlichen Rahmen so ziehen, daß er die Rückzahlung garantiert und somit den Banken eine risikolose Kreditvergabe ermöglicht. Dann käme es weder zu Kreditrationierung noch zu einem risikobedingt höheren Sollzinssatz. Eine zusätzliche Effizienzsteigerung im Sinne Webbs träte trotzdem ein. Im Grunde würde es in diesem Modellrahmen, wo die Nichtrückzahlung der Schulden allein aus „Unehrlichkeit" auftritt, ausreichen, daß der Staat ankündigt, für die Rückzahlung von Krediten zu sorgen. Banken könnten dann risikolos Kredite vergeben, denn für unehrliche Schuldner würde diese Ankündigung ja nichts anderes bedeuten, als daß die „Strafe" für Nichtrückzahlung z genau auf

---

[36] Webb, D. C., The Net Wealth Effect, S. 410.

den Schuldbetrag $L(1 + i)$ angehoben wird. Damit würden sich modellgemäß alle Schuldner so verhalten, „als ob" sie ehrlich wären. Allein mit dieser Ankündigung würde sich ein weiteres Tätigwerden des Staates erübrigen.

Nun ist in der Realität ein solcher rechtlicher Rahmen, der die Nichtrückzahlung von Schulden aufgrund von „Unehrlichkeit", also Zahlungsunwilligkeit ausschließt, annähernd gegeben. Dennoch treten die zu erklärenden Kreditmarktunvollkommenheiten auf, und es kommt zu Kreditausfällen. Offensichtlich ist also Webbs Ansatz zur Erklärung der auf dem Kreditmarkt vorzufindenden Struktur ungeeignet. Das auf dem Kreditmarkt zu bewältigende Problem resultiert ja nicht aus der Unfähigkeit der Banken, Forderungen von zahlungsunwilligen, unehrlichen, aber an sich zahlungsfähigen Kreditnehmern einzutreiben. Vielmehr erwächst das Informationsproblem auf dem Kreditmarkt in erster Linie daraus, daß einige Personen einfach nicht in der Lage sind, ihre Schulden zurückzuzahlen. Entscheidend ist nicht die Frage der Zahlungswilligkeit, sondern die der Zahlungsfähigkeit. Anstelle der im Modell gegebenen sicheren Einkommenserwartungen bezüglich der zweiten Periode treten Unsicherheiten auf; und wenn sich die unter Unsicherheit erwarteten Einkommen nicht realisieren, kann Zahlungsunfähigkeit eintreten. Dann aber hat auch der Staat nicht mehr die Möglichkeit, eine Kredit- oder Steuerzahlung zu erzwingen, und die Grundlage für die effizienzerhöhende Wirkung der Staatsverschuldung wird in Frage gestellt. Das Jaffee-Russell-Modell in der Interpretation von Webb mag somit einen Beitrag zur Theorie des optimalen Kreditbetruges im Rahmen der economics of crime leisten, zur Analyse von Wohlfahrtseffekten der Staatsverschuldung ist es jedoch nicht geeignet.

4. Beschränkte Verschuldungsmöglichkeiten aufgrund von Zahlungsunfähigkeitsrisiko

Da im Webb-Modell das Kreditrisiko ausschließlich von der Zahlungsunwilligkeit der Kreditnehmer abhängt, kommt es zur Ableitung von Wohlfahrtseffekten der Staatsverschuldung nicht in Betracht. Ein Kreditmarktmodell, das typische Strukturen von Kreditmärkten erfassen soll, kann nicht davon ausgehen, daß bei gegebenen sicheren Einkommenserwartungen y_1, y_2 einige Wirtschaftssubjekte in reiner Bereicherungsabsicht ihre Schulden nicht zurückzahlen. Vielmehr müßte sich das Risiko der Kreditvergabe aus der Unsicherheit über das zukünftige Einkommen und der damit verbundenen Zahlungsfähigkeit bzw. -unfähigkeit ergeben. Ein solches Modell, das in seiner Grundstruktur dem Jaffee-Russell-Modell entspricht, jedoch nicht durch die Unterscheidung in ehrliche und unehrliche Kreditnehmer gekennzeichnet ist, soll im folgenden entwickelt werden. Sodann wird gezeigt, daß in einem solchen Rahmen durch staatliche Kreditnahme keine Effizienzsteigerung mehr bewirkt werden kann.

Für eine derartige Fragestellung, wenn es also darum geht, zu zeigen, daß eine bestimmte Maßnahme *keine* Wohlfahrtsverbesserung erbringt, erscheint die Verwendung eines Partialmarktmodells zur Argumentation durchaus zulässig. Wenn es gelingt, nachzuweisen, daß die untersuchte Maßnahme schon in der Partialbetrachtung zu keiner im Sinne des Paretokriteriums überlegenen Lösung führt, so gilt dieses Ergebnis um so mehr für die Totalbetrachtung. Weitergehende, erst in der Totalanalyse zu erfassende Wirkungen der Maßnahme — in diesem Fall die möglichen Effekte auf Einlagenzins und Kapitalbildung — können dann vernachlässigt werden. Nur im umgekehrten Fall, wenn effizienzsteigernde Wirkungen eines Eingriffs nachgewiesen werden sollen, ist es notwendig, sämtliche mit der Maßnahme verbundenen Reaktionen in einem Totalmodell zu berücksichtigen.

a) Ohne Differenzierung nach Risikoklassen

Für das folgende stochastische Kreditmarktmodell wird ebenfalls eine p-Funktion entwickelt, die den Anteil der zurückgezahlten Außenstände in Abhängigkeit vom Schuldbetrag angibt. Nun ergibt sich diese Funktion jedoch nicht mehr aus dem Zusammenwirken von unterschiedlich hohen Strafbeträgen und der Eigenschaft der Ehrlichkeit, sondern aus der stochastischen Natur des Einkommens der zweiten Periode. Insofern entspricht dieser Fall der von Jaffee und Russell nur kurz skizzierten Möglichkeit der „lucky" und „unlucky" borrowers.[37] Das Einkommen der zweiten Periode ist nun eine normalverteilte Zufallsvariable $\tilde{y}_2$ mit einem Erwartungswert von $\bar{y}_2$. Dies führt zu der gleichen Kreditnachfragefunktion wie im Falle sicherer Einkommenserwartungen, nun beabsichtigen aber alle Wirtschaftssubjekte, ihre Schulden in der zweiten Periode zurückzuzahlen. Die Kreditnachfragefunktion lautet wieder

$$(1) \qquad L^* = L^* (i) .$$

Aus den realisierten Werten $\tilde{y}_2$ in Verbindung mit dem Durchschinttswert $\bar{y}_2$ läßt sich eine weitere Zufallsgröße x ableiten, wobei $x = \tilde{y}_2 - \bar{y}_2$. x ist die Differenz aus dem realisierten und dem der Planung zugrundegelegten Wert für y_2. Aus der Sicht des Einzelnen ist der realisierte Wert von x entscheidend für die Fähigkeit, die eingegangenen Verbindlichkeiten zu bedienen: für $x = - \bar{y}_2$ ist $\tilde{y}_2 = 0$, und die Schulden können überhaupt nicht zurückgezahlt werden. Für $L (1 + i) - \bar{y}_2 > x > - \bar{y}_2$ ist $\tilde{y}_2 < L (1 + i)$, die Schulden können also nur zum Teil bedient werden, nämlich maximal i. H. der Realisation $\tilde{y}_2$.[38] Nur wenn $x > L (1 + i) - \bar{y}_2$, ist $\tilde{y}_2 > L (1 + i)$; die Zahlungsfähigkeit ist gesichert und die Kredite werden zurückgezahlt. x beschreibt den Erwartungsirrtum der Wirtschaftssubjekte und in Verbindung mit dem Verschuldungsbetrag $L (1 + i)$ die Fähigkeit, Kredite zurückzuzahlen.

Aus der Sicht der Banken ist für eine gegebene Verteilung von x der Rückfluß aus dem Kreditgeschäft von der Höhe des Schuldbetrages $L (1 + i)$ abhängig. Daher läßt sich mit Hilfe

---

[37] Jaffee, D. M. / Russell, T., S. 657.

[38] Die Berücksichtigung eines Existenzminimums für zahlungsunfähig gewordene Schuldner würde die Ergebnisse prinzipiell nicht ändern.

von x wieder eine eindeutige Funktion $p'(L, i)$ entwickeln, die den Anteil der zurückgezahlten Kredite in Abhängigkeit vom zurückzuzahlenden Betrag, also Kreditvolumen und Sollzins, angibt. p' liegt wieder zwischen Null und Eins und nimmt mit steigendem $L(1 + i)$ ab. Im Gegensatz zum „Kreditbetrugsmodell" kann p' jedoch nie den Wert Eins annehmen; auch wenn $L(1 + i)$ klein wird, kommt es zu Kreditausfällen, solange die Möglichkeit einer Realisation $\tilde{y} = 0$ gegeben ist.

Da auf einem Wettbewerbsmarkt der Gewinn gegen Null geht, gilt unter Vernachlässigung von Transaktionskosten für die Kreditgebotsfunktion der Banken folgende Bedingung:

$$L(1 + r) = p' L(1 + i).$$

Auf der linken Seite stehen die Kosten des Bankensystems pro Kredit (Verzinsung und Tilgung der Einlagen), auf der rechten der vom Kreditbetrag abhängige zu erwartende Mittelrückfluß aus dem Kreditgeschäft. Der von den Banken geforderte Sollzins i beträgt damit

$$i = \frac{(1 + r)}{p'(L, i)} - 1 . \tag{2}$$

Dieser Sollzinssatz ist immer höher als r (da p' nie den Wert Eins annehmen kann) und nimmt mit dem Verschuldungsbetrag L zu. Diese Beziehung repräsentiert außerdem die Kreditangebotsfunktion der Banken.

Werdene Kreditangebot und Kreditnachfrage zum Ausgleich gebracht, erhält man die Marktlösung für die Kreditmenge L_o, die zum Zinssatz i_o vergeben wird. Bei diesem Transaktionsvolumen ist mit einer Mittelrückflußrate $p'_o(L_o, i_o)$ zu rechnen.

Will der Staat nun eine Effizienzerhöhung im Sinne Webbs bewirken, so hätte er die gesamte Kredittransformation zu übernehmen. Dies deshalb, weil es nun keinen Mindestkreditbetrag mehr gibt, bei dem die Kredittilgung gesichert ist. Der Staat verschuldet sich also zum sicheren Einlagenzins r in Höhe von V. Aus diesem Aufkommen leistet er Transferzahlungen v an alle Kreditnehmer, und zwar genau in Höhe der ansonsten auf dem privaten Markt zustandegekommenen Kreditsumme L_0. In der zweiten Periode wird der Transferbetrag verzinst als Zins- und Tilgungssteuer erhoben. Würde der Staat der Zinssteuer den von ihm selbst zu zahlenden Einlagenzins r zugrunde legen, so würde in der zweiten Periode ein Budgetdefizit entstehen. Solange die staatliche Kreditnahme keinen Einfluß auf y_2 hat — und zunächst spricht nichts für einen solchen Effekt — verändert sich auch die gesamtwirtschaftliche Zahlungsfähigkeit p' nicht. Die Zins- und Tilgungssteuer würde somit nur $p'_0\ V\,(1 + r)$ erbringen. Da der Staat seinerseits jedoch $V\ (1 + r)$ zurückzuzahlen hat, müßte die von den noch zahlungsfähigen Wirtschaftssubjekten erhobene Steuer um den Faktor $\frac{1}{p'_0}$ höher liegen. Die zu zahlende Zins- und Tilgungssteuer würde dann $v\frac{(1 + r)}{p'_0}$ betragen. Diese Steuer entspricht aber offensichtlich genau dem Betrag $L_0\ (1 + i_0)$, der ohne die staatliche Kreditintermediation an das Bankensystem zu zahlen gewesen wäre. Im Ergebnis führt die Staatsverschuldung zu keiner Effizienzsteigerung, der Staat tritt lediglich an die Stelle des privaten Bankensystems, ohne die ökonomisch relevanten Größen zu beeinflussen.

Wurde bisher gezeigt, daß für den Fall, daß der Staat die gesamte Kredittransformation übernimmt, keine überlegene Lösung zu realisieren ist, so wird im folgenden nachgewiesen, daß die staatliche Verschuldung möglicherweise sogar zu Effizienzverlusten führen kann. Wenn nämlich neben der staatlichen Verschuldung weiterhin auf dem privaten Kreditmarkt Verträge abgeschlossen werden, so müssen die Kreditanbieter in ihren Angebotsentscheidungen die Staatsverschuldung berücksichtigen. Tun sie das nicht, so besteht die Möglichkeit, daß sie Verluste erwirtschaften.

Wir gehen wieder aus von einer Situation ohne staatliche Verschuldung, in der auf dem privaten Markt Kredite in Höhe von L_0 zum Zins i_0 bei einer Mittelrückflußrate p'_0

vergeben werden. Nun verschulde sich wieder der Staat und tätige aus diesem Aufkommen Transfers in Höhe von v je Wirtschaftssubjekt, wobei diesmal $v < L_o$. Die Kreditnehmer seien frei von Staatsschuldillusion, d. h. deren Kreditnachfrage auf dem Markt verringere sich um v. Wenn die Banken nun weiterhin auf ihrer ursprünglichen Kreditangebotsfunktion anbieten, werden auf dem privaten Kreditmarkt Kontrakte über den Betrag L_1 zum niedrigeren Zins i_1 abgeschlossen. Dabei würde sich i_1 nach der erwarteten Mittelrückflußrate p'_1 (L_1, i_1) bemessen. Bei diesem Verhalten würden die Banken jedoch in der Tilgungsperiode Verluste machen. Da nämlich Kreditangebot und Kreditnachfrage zinselastisch sind, wäre der neue Kreditbetrag $L_1 > L_o - v$ bzw. $L_1 + v > L_o$. Die tatsächliche Mittelrückflußrate p' ist aber vom gesamten Verschuldungsvolumen, also $L_1 + v$, abhängig, es würden mit staatlicher Verschuldung mehr Kredite ausfallen als ohne. Daher wären die Banken bei Krediten in Höhe von L_1 zum Zins i_1 nicht mehr in der Lage, ihre verzinsten Einlagen zurückzuzahlen, denn p'_1 $(L_1 + v, i_1) \cdot (1 + i_1)$ $L_1 < (1 + r)$ L_1. Wenn die Banken weiterhin auf ihrer alten Kreditangebotsfunktion anbieten, so bewirkt zwar die Staatsverschuldung über einen Kreditmengeneffekt differentiellen Mehrkonsum. Da nun jedoch dem Bankensystem in der Tilgungsperiode Verluste entstehen, kann dieser nicht als Ergebnis eines Vermögenseffekts oder einer Effizienzerhöhung interpretiert werden. Der Konsumeffekt entsteht ganz im Gegenteil wegen ineffizienter Informationsverarbeitung im Bankensystem.

Um Kredite weiterhin ohne Verluste anbieten zu können, müßte auf der Kreditangebotsfunktion die Bedingung $(1 + r)$ $L = p'$ $(L + v, i) \cdot L$ $(1 + i)$ erfüllt sein. Der Einfluß der wegen der Staatsverschuldung in der Zukunft höheren Besteuerung auf das allgemeine Zahlungsrisiko muß berücksichtigt werden. Im Ergebnis werden rationale Banken für jeden Zins i einen gegenüber der Situation ohne Staatsverschuldung um v geringeren Kreditbetrag anbieten. Wenn die Banken so reagieren, werden auf dem Markt Kredite in Höhe von L_2 mit $L_2 = L_o - v$ zum Zinssatz i_o vergeben. Die intertemporalen Konsummöglichkeiten der Wirtschaftssubjekte haben sich somit durch die staatliche Kreditnahme nicht verändert. Graphisch stellt sich die Situation folgendermaßen dar:

Abbildung 6

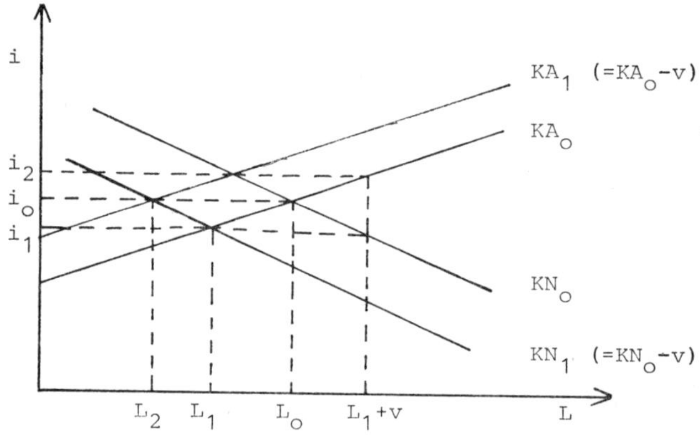

Ausgehend vom Gleichgewicht L_0, i_0 ohne Staat, verschiebt sich durch die staatliche Verschuldung die Kreditnachfrage nach KN_1. Wenn die Banken weiterhin entlang KA_0 anbieten, würden Kredite in Höhe von L_1 angeboten. Da sich das Zahlungsfähigkeitsrisiko jedoch nach der Gesamtverschuldungssumme $L_1 + v$ bemißt, würde der risikoabdeckende Zinssatz nun $i_2 = \frac{(1 + r)}{p'(L + v, i_2)} - 1$ betragen. Zu diesem Zins würde von den Kreditnachfragern jedoch nur mehr ein geringerer Betrag als L_1 gewünscht. Nur wenn die Banken ihr Angebot um v auf KA_1 zurücknehmen, ist ein ausreichend hohes p' gewährleistet. Dann würde der Betrag $L_2 = L_o - v$ zum Zins $i_o = \frac{(1 + r)}{p'(L_2 + v, i_o)} - 1$ vergeben. $p'(L_2 + v, i_o)$ entspricht wieder dem ursprünglichen p'_o, und die Staatsverschuldung hätte weder effizienzmindernd noch -erhöhend gewirkt. Festzuhalten bleibt jedoch, daß nun die unter Effizienzgesichtspunkten indifferente Wirkung der staatlichen Kreditnahme nur mehr erhalten bleibt, wenn das Bankensystem das Kreditangebot im Ausmaß der staatlichen Verschuldung reduziert.

Ein ernstzunehmender Einwand gegen das bisherige Modellergebnis resultiert daraus, daß die Zins- und Tilgungssteuer als Kopfsteuer von allen Wirtschaftssubjekten, unabhängig von deren Einkommen, erhoben wird. Eine solche Steuererhebung läßt sich in einem Modell mit identischen, fest vorgegebenen Zukunftseinkommen rechtfertigen, erscheint jedoch als äußerst problematisch, wenn y_2 individuell unterschiedliche Werte annehmen kann. Wie würde sich nun das Ergebnis ändern, wenn die Zins- und Tilgungssteuer durch eine proportionale Einkommensteuer aufzubringen ist? Wir gehen im folgenden wieder davon aus, daß der Transferbetrag je Individuum v kleiner ist, als die ohne Staatsverschuldung geplante private Kreditaufnahme. Um unnötige Komplikationen zu vermeiden, sollen die Kreditanbieter das mit der staatlichen Kreditnahme steigende Zahlungsunfähigkeitsrisiko berücksichtigen, so daß das gesamtwirtschaftliche Verschuldungsvolumen und die Mittelrückflußrate p' auch bei staatlicher Verschuldung gleich bleiben.[39]

Damit der Staat in der zweiten Periode seine Schulden bedienen kann, muß die Zins- und Tilgungssteuer im Durchschnitt $(1 + r)\,v$ je Individuum erbringen. Wenn die Gesamtpopulation hinreichend groß ist, so kann der Steuersatz mit Hilfe des Erwartungswerts des Einkommens der zweiten Periode, $\bar{y}_2$, ermittelt werden. Der zugrundezulegende Steuersatz beträgt dann $t = \frac{(1 + r)\,v}{\bar{y}_2}$. Je nach der Realisation von $\tilde{y}_2$ beträgt dann die von einem Individuum abzuführende Steuer $\frac{(1 + r)\,v}{\bar{y}_2}\,\tilde{y}_2$. Hätte sich der Staat nicht verschuldet, so

[39] Wird die Zins- und Tilgungssteuer in der Form einer Einkommensteuer erhoben, verringert sich die Mittelrückflußrate durch die staatliche Verschuldung nicht in dem Ausmaß wie bei Kopfsteuererhebung. Da jedoch hier vor allem zu untersuchen ist, ob die staatliche Kreditnahme der privaten überlegen ist, werden die aus einer Erhöhung der Kreditmenge resultierenden Effekte nicht weiter berücksichtigt.

hätten sich die Wirtschaftssubjekte in der Ausgangsperiode um v mehr verschuldet und sie hätten dafür in der Tilgungsperiode an das Bankensystem $(1 + r)\,v$ mehr zurückzuzahlen gehabt. Vergleichen wir den Steuerbetrag mit dem alternativ an die Banken zu zahlenden Mehrbetrag: Durch die staatliche Kreditnahme stellen sich alle Wirtschaftssubjekte mit $(1 + r)\,v\,\frac{\tilde{y}_2}{\bar{y}_2} < (1 + i)\,v$ besser als bei privater Kreditnahme. Da $i = \frac{(1 + r)}{p'} - 1$, sind das alle Individuen, deren $\tilde{y}_2 < \frac{\bar{y}_2}{p'}$. Weil $p' < 1$ ist, werden also mindestens alle die Wirtschaftssubjekte, deren realisiertes $\tilde{y}_2$ kleiner ist als der Erwartungswert $\bar{y}_2$ durch die staatliche Kreditnahme begünstigt. Je kleiner die Mittelrückflußrate p' wird, um so mehr profitieren auch solche, deren Einkommen der zweiten Periode größer ist als der Erwartungswert. Diese Begünstigung kann jedoch nicht als Wohlfahrtssteigerung im Sinne des Pareto-Kriteriums interpretiert werden, denn ihr steht eine Schlechterstellung derjenigen mit $\tilde{y}_2 > \frac{\bar{y}_2}{p'}$ gegenüber. Diejenigen, deren Einkommen der zweiten Periode um mindestens $\frac{1}{p'}$ höher ausfällt als der Erwartungswert, hätten bei rein privater Verschuldung ein differentiell höheres verfügbares Einkommen. Da sowohl bei privater, als auch bei staatlicher Verschuldung den Individuen insgesamt der Betrag $(1 + r)\,V$ entzogen wird, entsprechen die differentiellen Verluste der Bezieher hoher Einkommen den Gewinnen der Bezieher niedriger Einkommen. Somit kommt auch eine Effizienzerhöhung im Sinne der Kaldor-Hicks-Scitovsky-Kompensationskriterien nicht in Betracht.

Im Grunde bewirkt die staatliche Kreditintermediation lediglich eine andere Umverteilung des Zahlungsunfähigkeitsrisikos. Bei rein privater Verschuldung werden die zu erwartenden Zahlungsausfälle über einen höheren Sollzinssatz auf alle in der zweiten Periode zahlungsfähigen Wirtschaftssubjekte gleichverteilt. Bei staatlicher Verschuldung werden dagegen die Ausfälle nur von den Beziehern hoher Einkommen gedeckt. Staatsverschuldung führt im Vergleich zur rein privaten Verschuldung lediglich zu einer stärker egalitären Verteilung des Einkommens in der Periode der Zins- und Tilgungssteuererhebung.

b) Mit Differenzierung nach Risikoklassen

Im bisherigen Rahmen wurde lediglich der Fall untersucht, in dem Soll- und Habenzinssatz auseinanderfallen. Dem allgemeinen Zahlungsunfähigkeitsrisiko wurde in der Weise Rechnung getragen, daß das Bankensystem von allen Kreditnehmern gleichmäßig einen Risikozuschlag verlangte, der die erwarteten Zahlungsausfälle abzudecken hatte. Häufig werden Vermögenseffekte der Staatsverschuldung jedoch auch damit begründet, daß sich einzelne Wirtschaftssubjekte zu unterschiedlich hohen Zinssätzen verschulden können. Diejenigen, die auf dem privaten Markt nur zu hohen Sollzinssätzen Kredit bekommen würden, würden durch Staatsverschuldung begünstigt, während diejenigen mit günstiger Verschuldungsmöglichkeit indifferent blieben (vgl. hierzu Abschnitt C. II.). Das nun folgende Kreditmarktmodell beruht darauf, daß die Kreditanbieter ihre potentiellen Kunden in bestimmte Risikoklassen einordnen und ihr Kreditangebot dementsprechend variieren. So gibt es Gruppen von Kreditnachfragern, die als „erste Adressen" gelten und bei denen davon auszugehen ist, daß eine Kreditvergabe nahezu risikolos ist, beispielsweise weil sie Kreditsicherheiten anzubieten haben. Bei anderen Gruppen wiederum gibt es ein bestimmtes Kreditrisiko, das sich auch in einem höheren Sollzinssatz ausdrückt, da die Banken davon ausgehen müssen, daß ein Teil der Schulden nicht zurückgezahlt werden kann. Je höher das Zahlungsunfähigkeitsrisiko (bzw. der erwartete Anteil von Zahlungsunfähigkeitsfällen) innerhalb einer solchen Schuldnerklasse ist, desto höher ist der von diesen Kreditnehmern zu zahlende Sollzinssatz und umso kleiner der angebotene Kreditbetrag. Schließlich gibt es noch eine große Klasse von Kreditnachfragern, bei der der erwartete Anteil von Ausfällen so hoch ist, daß das Bankensystem hier überhaupt keine Kredite mehr vergibt. Rein rechnerisch wäre zwar auch hier ein risikodeckender Sollzinssatz zu ermitteln, dieser könnte aber so hoch sein, daß er bestimmten staatlichen oder sonstigen Normen, z. B. über Wucherzinsen, widersprechen würde. Damit käme es dann trotzdem zu keiner Kreditvergabe.

So haben wir eine bestimmte Anzahl von Schuldnerklassen mit jeweils unterschiedlichen Kreditrisiken. Für jede Klasse gilt eine gesonderte, deren Risiko widerspiegelnde Kreditangebotsfunktion. Dieses Bild scheint die Realität durchaus treffend zu beschreiben. Banken richten sich bei ihrer Kreditvergabe nach bestimmten Daumenregeln oder Indikatoren der Kreditwürdigkeit. Die Ausgestaltung von Kreditverträgen wird von ganz bestimmten Merkmalen des Kreditnachfragers abhängig gemacht, z. B. Grundbesitz, Einkommen, soziale Stellung etc. Nach solchen Kriterien kann nicht objektiv und endgültig festgestellt werden, ob der Schuldner nun zahlungsunfähig wird oder nicht, wohl aber kann eine Zuordnung in eine bestimmte Risikoklasse vorgenommen werden. Im folgenden ist nun zu zeigen, daß auch bei dieser Markt- bzw. Zinsstruktur Vermögenseffekte der Staatsverschuldung nur sehr bedingt nachzuweisen sind.

Wir gehen davon aus, daß es bei den Kreditnehmern m unterschiedliche Klassen gibt, deren Einkommen der zweiten Periode weiterhin eine normalverteilte Zufallsgröße mit dem jeweils gleichen Erwartungswert $\bar{y}_2$ ist. Die Klassen unterscheiden sich jedoch in der Streuung von y_2. Bezeichnet σ_1^2 die Varianz von $\tilde{y}_2$ der Klasse 1, so gilt: $\sigma_1^2 < \sigma_2^2 < \ldots < \sigma_k^2 < \ldots < \sigma_m^2$. Das Kreditrisiko steigt von Klasse 1 zu Klasse m an. Da die Wirtschaftssubjekte ihren Planungen den Erwartungswert zugrundelegen, ergibt sich jedoch für alle die gleiche Kreditnachfragefunktion, also wieder $L^* = L^*(i)$.[40]

[40] Grundsätzlich könnten auch unterschiedliche Erwartungswerte $\bar{y}_2$ für die einzelnen Klassen angenommen werden; entscheidend für

Den Banken sei die Zugehörigkeit der Wirtschaftssubjekte zu den einzelnen Risikoklassen bekannt, und sie bilden für jede Klasse eine eigene Kreditangebotsfunktion. Diese wird für jede Klasse getrennt genauso gebildet wie im Fall ohne Differenzierung nach Risikoklassen. Dabei gilt: $L^k (1 + r) = p^k (L^k, i^k) \cdot L^k (1 + i^k)$, $k = 1 \ldots m$. L^k und i^k sind der Kreditbetrag und der Sollzins für die Risikoklasse k, p^k ist wieder die erwartete Mittelrückflußrate. Für jedes gegebene Wertepaar (L, i) nimmt p mit steigendem k ab; innerhalb einer Risikoklasse k nimmt p^k mit steigendem L^k und steigendem i^k ab. Wird die Kreditnachfrage mit den m Angebotsfunktionen zum Ausgleich gebracht, so erhält man den Vektor der m verschiedenen Kreditverträge (L^k, i^k), die auf dem privaten Markt zustande kommen.

Nun soll wieder der Staat durch eigene Verschuldung einen Teil der Kredittransformation übernehmen. Er verschuldet sich zum Einlagenzinssatz r, da seine Zahlungsfähigkeit als gesichert gilt. Der Verschuldungsbetrag V wird wieder in Form von Transfers an die Wirtschaftssubjekte verteilt. Der Transferbetrag je Individuum ist v und soll zunächst kleiner sein als der geringste alternativ auf dem privaten Kreditmarkt zustandekommende Verschuldungsbetrag L^m. Der Anteil der einzelnen Risikoklassen an der Gesamtpopulation wird mit a^k bezeichnet, also verteilen sich auch die staatlichen Transferzahlungen nach diesem Schlüssel.

Das bedeutet, daß die Klasse k insgesamt $a^k V$ als Transfers erhält. Dabei gilt natürlich $\sum_{k=1}^{m} a^k = 1$. Die Banken berücksichtigen das wegen des zunächst erhöhten Verschuldungsvolumens gestiegene Kreditrisiko und nehmen ihr Kreditangebot auf dem privaten Markt jeweils um v zurück.[41] Dadurch bleiben die Mittelrückflußraten p^k von der staatlichen Verschuldung unbeeinflußt. Die effektive Verschuldung

---

das Kreditrisiko je Klasse ist aus der Sicht der Bank jedoch die Streuung. Am Ergebnis würde sich qualitativ nichts ändern.

[41] Vgl. hierzu die vorangegangenen Ausführungen.

eines repräsentativen Individuums der Klasse k setzt sich somit zusammen aus $L^k - v$ zum Zins i^k als private Verschuldung und den staatlichen Transfers v.

Wir betrachten zunächst wieder eine Erhebung der Zins- und Tilgungssteuer als Kopfsteuer. Die Wirtschaftssubjekte haben den Transferbetrag v in der zweiten Periode zu einem zunächst unbestimmten Steuerzinssatz i verzinst zurückzuzahlen. Der der Steuer zugrundezulegende Zinssatz i_s soll für alle Wirtschaftssubjekte gleich sein, der Staat differenziert nicht nach den einzelnen Risikoklassen. Da in der zweiten Periode Wirtschaftssubjekte zahlungsunfähig werden, muß i_s höher sein als der risikolose Zins r, zu dem der Staat sich verschuldet. Wenn die Zins- und Tilgungssteuer der zweiten Periode die staatlichen Schulden decken soll, muß die folgende Bedingung erfüllt sein:

$$V(1 + r) = \sum_{k=1}^{m} p^k a^k V(1 + i_S) .$$

Der Zinssteuer ist also der Satz

$$i_S = \frac{(1 + r)}{\sum_{k=1}^{m} p^k a^k} - 1 \quad bzw. \quad \frac{(1 + r)}{p_S} - 1$$

zugrundezulegen. p_s stellt den gesamtwirtschaftlich zu erwartenden Anteil von Steuerzahlungsfähigkeit in der zweiten Periode dar. Es ist ein gewichteter Durchschnitt der Mittelrückflußraten der einzelnen Risikoklassen. Vergleichen wir diesen Zinssatz i_s mit den Sätzen, die das Bankensystem von den einzelnen Klassen verlangt hätte, wenn der Staat nicht eingegriffen hätte. Der Zins für Klasse k hätte die Höhe $i^k = \frac{1 + r}{p^k} - 1$ gehabt. Da p_s ein gewichteter Durchschnitt von $p_1, p_2 \ldots p_m$ ist, muß p_s zwischen p_1 und p_m liegen. Betrachten wir zunächst die Klassen mit hohem Zahlungsunfähigkeitsrisiko, also mit $p^k < p_s$. Für diese Risikoklassen bedeutet die Staatsverschuldung eine Verbesserung, da sie in der zweiten Periode weniger an Zins- und Tilgungssteuer zu tragen haben als sie im Fall ohne staatlichen Eingriff an das Bankensystem zurückzuzahlen gehabt hätten. Der für die staatlichen Transfers zu zahlende Steuerzinssatz ist niedriger als der vom Bankensystem erhobene Sollzinssatz für Kredite innerhalb ihrer Risikoklasse. Der dadurch bewirkte Vermögenseffekt entspricht dem, der bisher in der Literatur behandelt wurde. In den bisherigen Analysen wurde aber nicht berücksichtigt, wie sich die staatliche Verschuldung auf die Konsummöglichkeiten der Wirtschaftssubjekte mit hoher Kreditwürdigkeit, also $p^k > p_s$ auswirkt. Für diese Wirtschaftssubjekte wäre eine private Kreditnahme auf dem Kapitalmarkt günstiger gewesen. Der der Steuer zugrundegelegte Zinssatz i_s ist höher als die für diese Risikoklasse geltenden Sollzinssätze i^k. Die Staatsverschuldung bewirkt für diese Risikoklassen einen negativen Vermögenseffekt.

Gesamtwirtschaftlich heben sich die positiven und die negativen Vermögenseffekte jedoch auf. Zwar ist wegen der verringerten privaten Verschuldung an das Bankensystem

$\sum_{k=1}^{m} a^k V (1 + i^k)$ weniger zurückzuzahlen, andererseits aber

$\sum_{k=1}^{m} a^k V (1 + i_s)$ zusätzlich an Zinssteuern zu entrichten.

Da i_s ein gewichteter Durchschnitt der i^k ist, sind beide Summen offensichtlich gleich und entsprechen beide dem Betrag $V (1 + r)$. Gesamtwirtschaftlich decken sich somit die Gewinne der Klassen mit $p^k < p_s$ mit den Verlusten der Klassen mit $p^k > p_s$. Eine Kompensation im Sinne der Wohlfahrtskriterien wäre zwar möglich, würde aber wieder zu genau dem gleichen Ergebnis führen, wie wenn der Staat sich überhaupt nicht verschuldet hätte.

Betrachten wir nun wieder eine proportionale Einkommensteuer zur Erhebung der Zins- und Tilgungssteuer. In unserem Modellrahmen ist wiederum ein Steuersatz von $t = \frac{(1 + r) v}{\bar{y}_2}$ erforderlich, um den Gesamtbetrag $V (1 + r)$ aufzubringen, den der Staat seinerseits an das Bankensystem zurückzuzahlen hat. Da sich der Steuersatz nach dem Erwartungswert des Einkommens der zweiten Periode bemißt, ist in diesem Fall gesichert, daß jede Risikoklasse für den auf sie entfallenden Teil der Zins- und Tilgungsverpflichtungen aufkommt.[42] Damit bewirkt die Staatsverschuldung im Vergleich zur rein privaten Verschuldung differentielle Einkommensumverteilungen innerhalb der einzelnen Risikoklassen: Bei rein privater Verschuldung kommen alle in der zweiten Periode zahlungsfähigen Wirtschaftssubjekte einer Risikoklasse für Kreditausfälle innerhalb ihrer Klasse auf. Bei der staatlichen Verschuldung werden die Ausfälle innerhalb jeder Klasse nur mehr von den Individuen gedeckt, deren Einkommen der zweiten Periode die folgende Bedingung erfüllt: $\tilde{y}_2 > \frac{\bar{y}_2}{p^k}$. Da p^k in der Klasse mit hohem Zahlungsunfähigkeitsrisiko den kleinsten Wert annimmt, ist dort die Umverteilungswirkung am stärksten ausgeprägt. Weil sich deren Mitglieder auf dem privaten Kreditmarkt nur zu sehr hohen Zinsen verschulden können, werden durch den staatlichen Kredit viele begünstigt. Die Kreditausfälle werden nur von den wenigen, die sehr hohe $\tilde{y}_2$ realisieren, getragen. In den Klassen mit geringem Zahlungsunfähigkeitsrisiko, also mit p^k nahe Eins, ist der Umverteilungseffekt dagegen relativ schwach. Für den Grenzfall einer Klasse mit sicher gegebenem y_2 würde die staatliche Kreditintermediation das verfügbare Einkommen der zweiten Periode nicht verändern: Die zu zahlende Zins- und Tilgungssteuer würde genau dem Betrag entsprechen, der bei rein privater Verschuldung zusätzlich an das Bankensystem abzuführen gewesen wäre. Eine solche Klasse wäre also in jedem Fall indifferent zwischen privater und öffentlicher Verschuldung.

---

[42] Dies würde auch gelten, wenn von der Normalverteilungsannahme oder der Annahme gleicher Erwartungswerte $\bar{y}_2$ für alle Klassen abgegangen würde.

Insgesamt bleibt auch für diesen Fall festzuhalten, daß der gesamte Ausgabenspielraum beider Perioden durch die Staatsverschuldung nicht verändert wird. Bei rein privater Verschuldung wäre der Gesamtbetrag $V\ (1 + r)$ zusätzlich an das Bankensystem zurückgeflossen, bei staatlicher Verschuldung wäre der gleiche Betrag als Zins- und Tilgungssteuer erhoben worden. Die Finanzierungsform beeinflußt jedoch die Verteilung des verfügbaren Einkommens der zweiten Periode. Bei privater Verschuldung ist für jedes Wirtschaftssubjekt ein vertraglich fest vorgegebener Rückzahlungsbetrag vereinbart, bei öffentlicher Verschuldung ist in diesem Fall der Zins- und Tilgungsbetrag dagegen von der individuellen Realisation von $\tilde{y}_2$ abhängig.

Abschließend ist noch der Fall zu behandeln, daß in der Ausgangslage (ohne Staatsverschuldung) die Mitglieder der Klasse m sich überhaupt nicht beim Bankensystem verschulden können, etwa wegen einschlägiger Wuchergesetze. Wenn die staatlichen Transfers auch an diese Klasse verteilt werden (wenn also für diese Klasse die Steuern gesenkt werden), erhöht sich der Konsumspielraum in der Verschuldungsperiode um $a^m V$. Die relativ hohen Zahlungsausfälle dieser Klasse müssen nun die übrigen Klassen $1 \ldots m - 1$ abdekken. Sie haben dafür in der Tilgungsperiode den Betrag $(1 - p^m)\ (1 + i_s)\ a^m V$ mehr zurückzuzahlen, als sie im Fall ohne staatliche Verschuldung an das Bankensystem zu leisten gehabt hätten. In dieser Lage ist die staatliche Verschuldung zwar mit differentiellem Mehrkonsum in der Ausgangsperiode verbunden, dieser ist jedoch nicht das Ergebnis einer Effizienzsteigerung oder eines gesamtwirtschaftlichen Vermögenseffekts, sondern einer Umverteilung des Kreditrisikos: Die Klassen mit geringer Ausfallwahrscheinlichkeit müssen für einen Teil der auf Klasse m entfallenden Zins- und Tilgungssteuer aufkommen. Im Ergebnis subventionieren sie die durch Staatsverschuldung ermöglichte intertemporale Konsumverschiebung der Klasse m.

Wird die Zins- und Tilgungssteuer als proportionale Einkommensteuer erhoben, so besteht grundsätzlich die Möglichkeit einer Effizienzerhöhung: Da sich der Steuersatz am zu erwartenden Durchschnittseinkommen der betrachteten Klasse orientiert, ist sichergestellt, daß diese Klasse für den auf sie entfallenden Anteil an Steuern zur Bedienung der Staatsschuld auch tatsächlich aufkommt. Insofern handelt es sich hier nicht mehr um einen reinen Umverteilungsvorgang. Für die Mitglieder einer solchen Klasse bietet die Staatsverschuldung tatsächlich die Möglichkeit, sich effektiv zu verschulden, ohne daß das Kreditrisiko auf eine andere Klasse abgewälzt wird.

Die hier konstatierte Möglichkeit einer Effizienzerhöhung bedeutet aber noch nicht, daß Staatsverschuldung tatsächlich wohlfahrtssteigernd wirkt. Hier sind zunächst die bereits genannten, nur in einem Totalmodell zu erfassenden Rückwirkungen der staatlichen Kreditnahme auf Zinsniveau und Kapitalbildung zu berücksichtigen. Vor allem aber dürfte dieser Effekt — stellt man die getroffenen Aussagen in einen realistischeren Kontext — quantitativ relativ unbedeutend sein. Absolut liquiditätsbeschränkt in dem Sinn, daß sie sich überhaupt nicht verschulden können, dürften in der Regel nur Haushalte mit sehr niedrigem Einkommen sein. Da die Transferzahlung v als eine durch die staatliche Kreditnahme ermöglichte Steuersenkung zu interpretieren ist, wird sie folglich für den betroffenen Personenkreis relativ gering ausfallen. Der Wohlfahrtseffekt der Staatsverschuldung für diese Wirtschaftssubjekte beruht darauf, daß quasi ein Kredit in Form eines Steueraufschubs gewährt wird. Wenn aber ohnehin wegen zu geringer Einkommen kaum oder gar keine Steuern zu zahlen sind, wird auch der Entlastungseffekt eines Steueraufschubs eher unbedeutend bleiben.

c) Ergebnis: Wohlfahrtseffekte der Staatsverschuldung

Das wesentliche Ergebnis der vorangegangenen Modellüberlegungen liegt darin, daß Staatsverschuldung in der Regel nicht zu Effizienzsteigerungen führt, sondern lediglich Umverteilungseffekte bewirkt. Die Verteilungswirkungen divergieren, je nach dem, in welcher Form die Zins- und Tilgungssteuern erhoben werden. Wenn Liquiditätsbeschränkungen ihre Ursache im Zahlungsunfähigkeitsrisiko haben, kann durch staatliche Kreditnahme dieses Risiko zwar anders auf die Wirtschaftssubjekte umgelegt, aber nicht beseitigt werden. Der Staat kann sich zwar zu einem niedrigeren Zinssatz verschulden als die Privaten, solange jedoch das Zahlungsunfähigkeitsrisiko sich nicht verändert, kann er diesen Zinsvorteil nicht weitergeben. Die folgende Äußerung Tobins — stellvertretend für viele andere — erweist sich als falsch: „In effect the government lends to them (den liquiditätsbeschränkten Individuen, d. V.) at its borrowing rate of interest, an option not otherwise available in the credit market."[43] Diese Vorstellung beruht auf einer falsch gewählten Referenzlage: Mit den Zinsen, die das Bankensystem verlangt, ist nicht der Satz zu vergleichen, zu dem der Staat sich verschuldet, sondern der, den er der Zins- und Tilgungssteuer zugrunde legt. Solange die sogenannten Kreditmarktunvollkommenheiten jedoch im Zahlungsunfähigkeitsrisiko begründet sind, kann auch der Staat Kredit nicht günstiger bereitstellen. Das Bankensystem wird — jedenfalls unter Wettbewerbsbedingungen — für Kredite Sollzinsen verlangen, die eine Deckung und Verzinsung der Einlagen garantieren. Auch wenn der Staat sich zum Einlagenzins verschulden kann, hat er Zins- und Tilgungssteuern in solcher Höhe zu erheben, daß eine Rückzahlung seiner Verbindlichkeiten gesichert ist. Bei gegebenem Zahlungsunfähigkeitsrisiko und Verschuldungsbetrag ist aber bei privater sowie öffentlicher Verschuldung der zu erhebende Betrag gleich, so daß durch die öffentliche Verschuldung lediglich eine andere Verteilung der Zins- und Tilgungslasten bewirkt wird.

Wie könnte bei diesem Ergebnis dennoch eine wohlfahrtstheoretische Bewertung vorgenommen werden? Gehen wir dafür noch einmal von dem wohl relevanteren Fall aus, daß die Banken nach Risikoklassen differenzieren und Zins- und Tilgungssteuern als proportionale Einkommensteuer erhoben werden. Dann stellt sich das bekannte Ergebnis ein, daß die Verteilung des verfügbaren Einkommens der zweiten Periode

---

[43] Tobin, J., Asset, S. 57.

Risikoklasse stärker egalitär ist, als wenn sich die Wirtbei Kreditfinanzierung öffentlicher Ausgaben innerhalb jeder schaftssubjekte nur privat verschuldet hätten. Probleme ergeben sich hier, weil zwei unterschiedliche Verteilungssituationen der zweiten Periode zu bewerten sind. Normalerweise sind jedoch alternative Verteilungszustände einer wohlfahrtstheoretischen Bewertung nicht zugänglich. Da in unserem Modell das einzelne Wirtschaftssubjekt nicht weiß, in welcher Verteilungsposition es sich in der zweiten Periode wiederfindet, könnte jedoch mit Hilfe zusätzlicher Annahmen dennoch eine solche Bewertung vorgenommen werden. Je nach dem, wie die Wirtschaftssubjekte die beiden Alternativen in der ersten Periode einschätzen, könnten etwaige Wohlfahrtseffekte der staatlichen Kreditnahme abgeleitet werden. Wichtig ist dabei natürlich, daß diese Einschätzung für alle Individuen gleichgerichtet ist, andernfalls wäre das paretianische Werturteil nicht anwendbar. Da wir jedoch von identischen Nutzenfunktionen ausgehen, erscheint diese Vorgehensweise zumindest im Modell vertretbar. Darüber hinaus ist zu beachten, daß immer noch partialanalytisch argumentiert wird. Wenn also die Möglichkeit einer Effizienzerhöhung aufgezeigt wird, so bedeutet das noch nicht, daß bei Berücksichtigung sämtlicher Sekundäreffekte die Maßnahme immer noch als Wohlfahrtssteigerung zu betrachten ist.

Für die Wirtschaftssubjekte ergeben sich für den Fall mit und ohne Staatsverschuldung zwei unterschiedliche Wahrscheinlichkeitsverteilungen bezüglich des verfügbaren Einkommens der zweiten Periode. Der Erwartungswert ist in beiden Fällen gleich, so daß risikoneutrale Individuen der staatlichen Kreditfinanzierung indifferent gegenüberstehen. Dann bewirkt die Staatsverschuldung keine Effizienzsteigerung. Die Wahrscheinlichkeitsverteilung des verfügbaren Einkommens der zweiten Periode ist im Fall mit staatlicher Kreditnahme stärker egalitär als bei rein privater Verschuldung. Da für hohe Realisationen von $\tilde{y}_2$ das verfügbare Einkommen ohne Staatsverschuldung differentiell höher ist, werden risikofreudige Wirtschaftssubjekte diese Finanzierungsform öffentlicher Ausgaben ablehnen. Staatliche Kreditfinanzierung würde dann in einer Gesellschaft mit risikofreudigen Individuen die Gesamtwohlfahrt verschlechtern. Für niedrige Realisationen von $\tilde{y}_2$ ist das verfügbare Einkommen der zweiten Periode bei öffentlicher Verschuldung differentiell höher. Dann ist weniger an Zins- und Tilgungssteuer zu zahlen, als zur Rückzahlung privater Schulden erforderlich gewesen wäre. Risikoscheue Wirtschaftssubjekte messen diesem differentiellen Entlastungseffekt bei ungünstigen Realisationen größeres Gewicht bei als den potentiellen Gewinnen bei hohen Realisationen, so daß diese die Kreditfinanzierung vorziehen würden. Wenn alle Wirtschaftssubjekte risikoavers sind, könnte die durch die staatliche Kreditnahme bewirkte differentielle Umverteilung – isoliert betrachtet — als Verbesserung der Gesamtwohlfahrt interpretiert werden.

Damit sind wir an einem Punkt angelangt, wo aus unserem bisher verwendeten Kreditmarktmodell keine weiteren Aussagen über eventuelle Wohlfahrtseffekte mehr abgeleitet werden können. Im bisherigen Modellrahmen wurde nur das Zahlungsunfähigkeitsrisiko als Ursache der so bezeichneten Kreditmarktimperfektionen berücksichtigt. Dies ist jedoch, wenn auch wohl der bedeutendste, nicht der einzige Grund für beschränkte private Verschuldungsmöglichkeiten. Daher sind im folgenden Abschnitt einige weitere Faktoren zu untersuchen, die eine Überlegenheit der staatlichen Kreditintermediation gegenüber der privaten begründen könnten.

IV. Weitere Möglichkeiten der Wohlfahrtssteigerung durch öffentliche Verschuldung

Aus den bisherigen Ausführungen dürfte bereits deutlich geworden sein, daß allein aus der Tatsache, daß der Staat sich zu einem günstigeren Zinssatz verschulden kann als die privaten Wirtschaftssubjekte, noch nicht auf eine effizientere Kreditintermediation geschlossen werden kann. Dies wäre nur dann möglich, wenn der staatliche Kredit auch zu einem niedrigeren impliziten „Steuerzinssatz" an die Privaten weitergegeben werden kann. Wie Abschnitt C. III. gezeigt hat, ist dies bei gegebenem Zahlungsunfähigkeitsrisiko nicht möglich. Dennoch sind, wenn wir unseren bisherigen Modellrahmen verlassen, weitere Begründungen für eine Effizienzsteigerung durch staatliche Kreditnahme denkbar.

Eine Möglichkeit hierfür besteht darin, daß der Staat das Zahlungsunfähigkeitsrisiko durch die Kreditoperation direkt beeinflussen kann, oder zumindest über bessere Informationen darüber verfügt. Eine zweite Möglichkeit ist dann gegeben, wenn das Auseinanderfallen von Soll- und Habenzins auf dem privaten Kreditmarkt auch andere Ursachen hat als das allgemeine Zahlungsunfähigkeitsrisiko und der Staat in dieser Hinsicht dem Bankensystem überlegen ist. Im Ergebnis kommt eine effizienzsteigernde Wirkung der Staatsverschuldung somit dann in Betracht,

a) wenn dadurch das allgemeine Zahlungsunfähigkeitsrisiko bzw. die Risiken der einzelnen Klassen verringert werden;

b) wenn der Staat einen Informationsvorsprung bezüglich des Eintretens von Zahlungsunfähigkeit hat; dann dürften allerdings jene Wirtschaftssubjekte, von denen der Staat weiß, daß sie zahlungsunfähig werden, keine Transferzahlung erhalten;

c) wenn die — bisher nicht berücksichtigten — Verwaltungskosten der Kredittransformation beim Staat geringer sind als im privatwirtschaftlichen Bankensystem;

d) wenn aufgrund monopolistischer Strukturen auf dem privaten Kreditmarkt das Zinsdifferential zwischen Soll- und Habenzins größer ist als zur Risikoabdeckung nötig.

Zu a): Eine Verringerung des allgemeinen Zahlungsunfähigkeitsrisikos durch die staatliche Kreditnahme würde sich dann ergeben, wenn dadurch entweder der Erwartungswert für das Zukunftseinkommen erhöht, oder die Streuung verringert würde. Zumindest unter neoklassischen Bedingungen bei Vollbeschäftigung lassen sich jedoch kaum plausible Gründe für eine derartige Annahme anführen. In gewisser

Weise entspricht dieser Fall aber dem von Webb untersuchten. In dessen Modell resultierte das Kreditrisiko aus dem Betrugsmotiv. Durch die Annahme, der Staat könne seine Steuerforderungen immer durchsetzen, wird das Risiko als der eigentliche Grund für die „Kreditmarktimperfektionen" wegdefiniert. Die effizienzsteigernde Wirkung der Staatsverschuldung beruht somit freilich nicht mehr auf den spezifischen Eigenschaften dieses Finanzierungsinstruments, sondern auf der exogenen Annahme, daß sie das Kreditrisiko beseitige.

Geht man jedoch ab von der Vollbeschäftigungsannahme, so wäre ein direkter Kausalzusammenhang zwischen staatlicher Verschuldung und Zahlungsunfähigkeitsrisiko dennoch möglich. Wird die staatliche Verschuldung mit dem Ziel der konjunkturellen Stabilisierung durchgeführt und ist diese Strategie erfolgreich, so würden in den Folgeperioden differentiell höhere Einkommen realisiert als ohne diese Maßnahme. Das Risiko hätte sich verringert. Dann hätte die staatliche Kreditnahme eine Zinssenkung, genauer: eine Senkung des der Zins- und Tilgungssteuer zugrundezulegenden Zinses unter den auf dem privaten Markt zustandekommenden Zins, ermöglicht. Diese Effizienzerhöhung durch staatliche Kreditnahme wäre dann das Ergebnis einer Art makroökonomischen Versicherungseffekts: Weil der Staat für eine Verstetigung der Einkommensentwicklung sorgt, erhöht sich der Anteil der zahlungsfähigen Wirtschaftssubjekte und ermöglicht dadurch eine Senkung des Zinses. Die entscheidende Voraussetzung für einen solchen Wirkungsmechanismus ist natürlich, daß die staatliche Verschuldung als Instrument zur Konjunkturstabilisierung überhaupt geeignet ist. Da differentieller Mehrkonsum bei Staatsverschuldung auftreten kann, ist diese Möglichkeit aber nicht grundsätzlich ausgeschlossen.

Zu b): Wenn der Staat einen Informationsvorsprung bezüglich der individuellen Realisation des Einkommens der zweiten Periode hat, so hätte er grundsätzlich, unter reinen Effizienzgesichtspunkten, die Möglichkeit, Kredit überlegen zu alloziieren.

Dennoch würde eine Nutzung eines solchen Informationsvorsprungs recht absurde Verhaltensweisen des Staates implizieren. Die Transferzahlungen aus dem Verschuldungsprogramm sind ja eigentlich als Steuersenkungen zu interpretieren. Effiziente Informationsnutzung durch den Staat würde dann bedeuten, daß für die Wirtschaftssubjekte, von denen er weiß, daß sie zahlungsunfähig werden, keine Steuersenkungen vorgenommen werden. Dies mag theoretisch zu effizienten Lösungen führen, ob eine solche Schuldenpolitik des Staates möglich ist, sei dahingestellt. Abgesehen davon lassen sich für die Annahme der Überlegenheit bezüglich der Information keine plausiblen Gründe anführen. Im Gegenteil dürfte es wahrscheinlicher sein, daß die privaten Kreditanbieter, die mit den potentiellen Kreditnehmern in direktem Kontakt stehen, sich ein fundierteres Urteil über deren Einkommenserzielungskapazität bilden können.

Zu c): Im bisherigen Rahmen sind die Verwaltungskosten der Kredittransformation nicht explizit berücksichtigt worden. Es dürfte jedoch unmittelbar einsichtig sein, daß ein Differential zwischen Soll- und Habenzinssatz zu einem gewissen Teil auch auf die Verwaltungskosten des Bankensystems zurückzuführen ist. In unserem Kreditmarktmodell würde die Einführung von Verwaltungskosten das Kreditangebot verringern. Je nachdem, ob sie von der Kredithöhe abhängig oder unabhängig sind, würden sie zu einer Drehung oder einer Parallelverschiebung der Kreditangebotsfunktion führen. Wenn nun ein bestimmter Kreditbetrag im Wege der Staatsverschuldung zu geringeren Verwaltungskosten als auf einem privaten Kreditmarkt bereitgestellt werden könnte, so könnte durch die staatliche Kreditnahme eine differentielle Sollzinssenkung herbeigeführt werden, sie würde somit eine echte Effizienzerhöhung ermöglichen.

Dabei ist jedoch eine Reihe von Faktoren zu berücksichtigen. Vergleicht man den Zinssatz, zu dem Private sich verschulden können, mit dem für den Staat geltenden, so ist zunächst festzustellen, daß in beiden Sätzen die jeweiligen Verwaltungskosten des Bankensystems enthalten sind. Dabei mögen günstigere Verschuldungsbedingungen für den Staat durchaus auf „economies of large scales“[44] zurückzuführen sein, weil der Staat in der Regel große Kreditbeträge nachfragt, die Verwaltungskosten jedoch in bestimmtem Ausmaß betragsunabhängig sind. Trotzdem unterscheiden sich private und öffentliche Verschuldung bezüglich ihrer Verwaltungskosten fundamental. Da der Staat de facto eine Position als Kreditvermittler zwischen Bankensystem und Privaten einnimmt, sind die aus dieser Vermittlungstätigkeit erwachsenden Kosten ebenfalls mit zu berücksichtigen. Während im Zinsdifferential zwischen Soll- und Habenzins beim privaten Kredit sämtliche Verwaltungskosten abgegolten sind, entstehen dem Staat während der ganzen Dauer der Verschuldung laufend weitere Kosten. Diese sind neben den eigentlichen Kreditbeschaffungskosten zunächst in den reinen Finanzverwaltungskosten, die die Zins- und Tilgungssteuererhebung erfordert, zu sehen. Dazu kommen die von der differentiell höheren Steuerbelastung in der Zukunft ausgehenden Anreizwirkungen auf das Verhalten der Wirtschaftssubjekte; diese excess burden der Besteuerung ist ebenfalls den Staatsverschuldungskosten in einem weiteren Sinn hinzuzurechnen. Und schließlich sind die gesamten Kosten, die der existierende Schuldenstand verursacht, die Kosten des debt management, den Verwaltungskosten der staatlichen Kreditnahme zuzurechnen. So gesehen verursacht die öffentliche Kreditnahme weitaus höhere Kosten als durch den Zinssatz, den der Staat zu zahlen hat, ausgewiesen wird. Eine effizienzerhöhende Wirkung der Staatsverschuldung aufgrund günstigerer Verwaltungskosten erscheint vor diesem Hintergrund eher unwahrscheinlich.

Auch hier beruht eine der Staatsverschuldung zugeschriebene Effizienzerhöhung wieder auf einer falsch gewählten Referenzlage: Da der Staat als Kreditvermittler anzusehen ist, kann der von ihm zu zahlende Zinssatz nicht mit dem von Banken geforderten Sollzinssatz für private Kredite vergli-

---

[44] Vgl. Timm, H., Zeitliche Lastenverschiebung durch Staatsverschuldung oder Privatverschuldung? Vortrag gehalten am 29. 7. 83 auf einer Feier der Deutschen Bundesbank zum 70. Geburtstag von Frau W. Dreißig, unveröffentlichtes Manuskript, S. 9.

chen werden. Vielmehr ist der staatliche Zins mit den Refinanzierungskosten der Banken bzw. dem Einlagenzins zu vergleichen. Mit dem Sollzinssatz für private Kredite können dagegen nur die Gesamtkosten der Staatsverschuldung, also Zins- und Verwaltungskosten einschließlich volkswirtschaftlicher Kosten der Besteuerung verglichen werden.

Zu d): Die bisher verwendete Kreditangebotsfunktion bezieht sich auf einen Wettbewerbsmarkt, die Banken erwirtschaften keinen Gewinn. Der jeweils geforderte Sollzins ist so hoch, daß er das Kreditausfallrisiko abdeckt, der Mittelrückfluß also genau den verzinsten Bankeinlagen entspricht. Wenn das Kreditangebot monopolisiert wäre, so könnte jedoch eine Monopolrente abgeschöpft werden.[45] Eine Monopol-Bank würde für jeden Kreditbetrag einen höheren Sollzins verlangen, als auf dem Wettbewerbsmarkt gefordert würde. In einer Ausgangslage mit monopolisiertem Kreditangebot könnte nun durch staatliche Verschuldung eine Effizienzsteigerung bewirkt werden: Der Staat könnte der zu erhebenden Zinssteuer den Wettbewerbszins zugrundelegen, und der staatliche Kredit wäre um die Differenz aus Monopol- und Wettbewerbszins billiger. Die wohlfahrtsteigernden Wirkungen der staatlichen Kreditintermediation wären dann abhängig vom Grad der Ausnutzung von Marktmacht seitens der Kreditanbieter. In dieser Arbeit soll nun nicht der Versuch unternommen werden, eventuellen Mißbrauch von Marktmacht durch das Bankensystem abzuschätzen. Denn auch wenn eine derartige Marktunvollkommenheit vorliegt, so heißt dies noch nicht, daß Staatsverschuldung das einzige oder gar das optimale Instrument ist, mit dem diese zu beheben ist. Solange nicht die gesamte Kreditintermediation vom Staat übernommen wird, solange weiterhin ein privater Kreditmarkt existiert, besteht ja diese Marktunvollkommenheit — wenn auch in verringertem Ausmaß — weiter. Wenn also die staatliche Kreditfinanzierung damit begründet wird, daß sie die Ausnutzung von Monopolmacht verringert, dann

[45] Die folgenden Ausführungen gelten sinngemäß auch für oligopolisierte Kreditmärkte.

müßte konsequenterweise auch gefordert werden, daß jegliche Kreditvergabe über den Staat läuft und ein privater Kreditmarkt somit ausscheidet.

Zur Vermeidung der unerwünschten Wirkungen von Monopolen bieten sich in grundsätzlich marktwirtschaftlich orientierten Systemen wettbewerbspolitische Maßnahmen wohl eher an. Eine mit privater Marktmacht begründete staatliche Kreditnahme würde im Ergebnis rechtfertigen, daß der Staat für alle Märkte, auf denen Monopolrenten erwirtschaftet werden, die Versorgung an sich ziehen könnte. Ohne eine normative Bewertung vornehmen zu wollen, kann festgehalten werden, daß in individualistisch ausgerichteten Wirtschaftssystemen in diesem Zusammenhang eine staatliche Güterversorgung üblicherweise nur dann in Betracht kommt, wenn steigende Skalenerträge zu einer „natürlichen" Monopolbildung führen würden. Und selbst dann kann die Versorgung über private Märkte, jedoch unter staatlicher Aufsicht, vollzogen werden, wie etwa zum Teil im Bereich der Stromversorgungsunternehmen. Angesichts der tatsächlichen Struktur der Kreditmärkte kann hier aber wohl kaum von einem „natürlichen Monopol" gesprochen werden, so daß die durch staatliche Kreditnahme eventuell mögliche Effizienzsteigerung ebenso durch wettbewerbspolitische Maßnahmen erreicht werden kann. Im übrigen ist zu berücksichtigen, daß nur ein geringer Anteil der staatlichen Verschuldung direkt beim Publikum aufgenommen wird. Zum überwiegenden Teil verschuldet sich ja auch der Staat im Bankensystem, er würde somit seinerseits „Opfer" der Monopolmacht auf dem Kreditmarkt. Eine effizienzsteigernde Wirkung via Abbau von Monopolrenten kommt somit ohnehin nur für den Teil der Staatsverschuldung in Betracht, der direkt bei den Privaten placiert wird.

Fazit:

Die vorangegangenen Ausführungen haben gezeigt, daß, auch wenn der Staat sich zu günstigeren Bedingungen verschulden kann als die Privaten, dies nicht unbedingt zu Wohlfahrtssteigerungen führt. Der Staat tritt mit seiner Kreditnahme nicht unmittelbar an die Stelle der Privaten, sondern zunächst anstelle des Bankensystems. Da die staatliche Kredittransformation neben den eigentlichen Zinsausgaben mit zusätzlichen Kosten und Risiko verbunden ist, ist der Zins, zu dem der Staat sich verschuldet, keine geeignete Vergleichsgröße zum privaten Verschuldungssatz. Effizienzsteigernde Wirkungen der Staatsverschuldung sind — wenn überhaupt — nur über weitaus subtilere Wege nachzuweisen, als dies in der Literatur z. T. dargestellt wird. Die hierfür erforderlichen Bedingungen scheinen jedoch von relativ geringer empirischer Relevanz zu sein. Selbst wenn solche Bedingungen gegeben wären, wäre die staatliche Kreditnahme jedoch nicht das einzig mögliche Instrument, um eine Wohlfahrtssteigerung zu bewirken. Das gleiche Ergebnis könnte dann auch mit marktkonformeren Mitteln erreicht werden. Lediglich bei dem — von uns so bezeichneten — makroökonomischen Versicherungseffekt (vgl. S. 123) ist die potentielle Effizienzerhöhung direkt mit dem Einsatz der staatlichen Verschuldung gekoppelt. Insgesamt jedoch kann differentieller Mehrkonsum bei öffentlicher Kreditfinanzierung im Vergleich zur Steuerfinanzierung aufgrund beschränkter privater Verschuldungsmöglichkeiten nur in geringerem Ausmaß auf Wohlfahrtssteigerungen zurückgeführt werden. Überwiegend ist hierfür vielmehr eine Mischung aus intertemporalen und interpersonellen Umverteilungswirkungen der staatlichen Verschuldung ausschlaggebend.

D. Zur Rationalität der öffentlichen Kreditnahme

Nach all den bisherigen theoretischen Überlegungen zum Äquivalenztheorem können wir nun folgende Ergebnisse festhalten:

— Auch bei Rationalverhalten der Wirtschaftssubjekte gibt es eine Reihe von Gründen, bei Kreditfinanzierung öffentlicher Ausgaben mehr zu konsumieren als bei Steuerfinanzierung.

— Da zudem irrationales Verhalten bzw. unvollkommene Information nicht ausgeschlossen werden kann, wird die Staatsschuld — wenn auch nicht zu ihrem vollen Nennwert — als privates Nettovermögen empfunden.

— Durch Staatsverschuldung kann jedoch in der Regel keine Effizienzerhöhung in dem Sinne, daß „billiger" Staatskredit anstelle des „teueren" privaten Kredits tritt, bewirkt werden.

Mit diesen Ergebnissen kann nun überprüft werden, inwieweit die Staatsverschuldung die ihr zugeschriebenen Funktionen zu erfüllen vermag. Die Rationalität der öffentlichen Kreditnahme entscheidet sich somit daran, ob die Funktionszuweisung theoretisch gerechtfertigt ist.

Im wesentlichen soll die Staatsverschuldung zwei Funktionen erfüllen: die stabilitätspolitische und die intertemporale Verteilungsfunktion.[1] Mit letzterer wird die — heute nicht mehr unumstrittene — außerkonjunkturelle Verschuldung begründet. Die stabilitätspolitische Funktion läßt sich grundsätzlich auf zwei Ebenen ansiedeln. Zum einen kann öffentliche Kreditnahme als ein Mittel zum Ausgleich von im Konjunkturverlauf schwankenden staatlichen Einnahmen und Ausgaben betrachtet werden, wobei hier nicht auf die praktischen Probleme einer Trennung von konjunkturellem und

[1] Gandenberger, O., Thesen zur Staatsverschuldung, in: Hansmeyer, K. H. (Hrsg.), Staatsfinanzierung im Wandel, Berlin 1983, S. 843.

strukturellem Defizit eingegangen werden soll. Diese „Lückenbüßerfunktion" läßt sich wiederum auf zweierlei Weise begründen. Bei unterstellter Gültigkeit der Neutralitätsthese könnte zunächst ja argumentiert werden, daß eine Steuerfinanzierung der konjunkturbedingten Defizite grundsätzlich die gleichen Effekte nach sich ziehen würde wie Kreditfinanzierung. In einer etwas weitergehenden Betrachtung erscheint jedoch selbst bei Äquivalenz von Steuer- und Kreditfinanzierung die Deckung rein konjunktureller Defizite als die überlegene Strategie: Da ausschließliche Steuerfinanzierung mit einer ständigen Variation der Steuersätze (bei schwankender Bemessungsgrundlage) verbunden wäre, würde sie neben rein administrativen Kosten auch höhere volkswirtschaftliche Kosten in Form von excess burden der Besteuerung verursachen als eine vorübergehende Kreditfinanzierung. Die Kreditfinanzierung konjunktureller Defizite ermöglicht somit, die für das Verhalten der Wirtschaftssubjekte entscheidenden Steuer*sätze* konstant zu halten. Daher wird dies selbst von Vertretern der Neutralitätsthese befürwortet.[2]

Da wir aber von der Nicht-Neutralität ausgehen können, kommt zu diesem Verstetigungseffekt der Kreditfinanzierung automatischer Defizite ein eigenständiger Stabilisierungseffekt. Die bekannte built-in-flexibility des Steuersystems beruht ja gerade darauf, daß durch die in der Rezession eintretende differentielle Steuerentlastung die gesamtwirtschaftliche Nachfrage der Tendenz nach ansteigt, bzw. zumindest schwächer schrumpft.[3] Unabhängig von der Frage nach der Schuldneutralität läßt sich somit die Kreditfinanzierung automatischer Defizite rechtfertigen. Der Schwerpunkt der Begründung ist freilich jeweils unterschiedlich gelagert — steht im einen Fall die Verstetigung der Finanzpolitik im Vordergrund, so wird im anderen Fall die Dämpfung von Nachfrageschwankungen betont.

---

[2] Barro, R. J., On the Determination of the Public Debt, in: J. Pol. Ec., Vol. 87 (1979), S. 940.

[3] Nur am Rande sei hier jedoch auch darauf verwiesen, daß die Stabilisierungswirkung der built-in-flexibility nicht unumstritten ist, vgl. etwa Smyth, D. J., Can 'Automatic Stabilizers' be Destabilizing? in: Public Finance, Vol. 18 (1963), S. 357—364.

Die stabilitätspolitische Funktion der Staatsverschuldung beinhaltet aber neben der Deckung konjunktureller Defizite auch einen eigenständigen, aktiven Einsatz der öffentlichen Kreditnahme zur Rezessionsbekämpfung. Für die Wirksamkeit diskretionärer Stabilisierungspolitik mit Hilfe der staatlichen Verschuldung — seien es Steuersenkungen bei gegebenen Staatsausgaben oder zusätzliche kreditfinanzierte Ausgaben — ist die Frage der Schuldneutralität von zentraler Bedeutung (vgl. Abschnitt A. III. 1.). Bei der von uns konstatierten Nicht-Neutralität der Staatsverschuldung ist jedoch — jedenfalls in einer keynesianischen Unterbeschäftigungssituation — auch eine eigenständige Stabilisierungsfunktion zu bejahen; dem Staat steht ein Finanzierungsinstrument zur Verfügung, dessen Nachfragewirkung weniger kontraktiv ist als die der Steuerfinanzierung.

Ob freilich jede Unterbeschäftigungssituation mit kreditfinanzierten Staatsausgaben überwunden werden kann, ist ein ganz anderes Problem. Dies ist eine Frage des zieladäquaten Mitteleinsatzes. Offensichtlich wären kreditfinanzierte Ausgabenprogramme zur Bekämpfung einer rein angebotsbedingten Rezession widersinnig. Damit kann jedoch eine konjunkturelle Funktion der Staatsverschuldung nicht generell bestritten werden. Diese liegt einzig und allein in der Fähigkeit, die gesamtwirtschaftliche Nachfrage im Vergleich zur Steuerfinanzierung zu erhöhen. Konsequenterweise kann diese Funktion nur dann zum Tragen kommen, wenn Störungen des gesamtwirtschaftlichen Gleichgewichts auf Nachfragemangel beruhen.

Mit unserem Ergebnis, daß die öffentliche Kreditfinanzierung im Vergleich zur Steuerfinanzierung nicht neutral wirkt, ist auch die Wahrnehmung einer intertemporalen Verteilungsfunktion möglich. Bei Kreditfinanzierung öffentlicher Ausgaben wird der Spielraum für private Investitionen differentiell verringert, so daß für die Zukunft ein geringerer Kapitalstock zur Verfügung steht, als dies bei Steuerfinanzierung der Fall gewesen wäre.

Nun stellt sich jedoch die Frage, ob eine intertemporale Umverteilung via öffentlicher Kreditfinanzierung rational ist, da ja über Spar- bzw. Verschuldungsentscheidungen jeder Bürger sein intertemporales „Belastungsprofil" selbständig gestalten kann. Welche Gründe sprechen dafür, daß der Staat ebenfalls auf die intertemporale Verteilung einwirkt? Der Sache nach wird hier eine von Gandenberger aufgeworfene Fragestellung — die der Meritorisierung der außerkonjunkturellen Staatsverschuldung — aufgegriffen.[4] Er stellt, neben anderen, davon unabhängigen Angriffen gegen eine nicht konjunkturell motivierte Kreditnahme, zur Diskussion, wie eine Lastverschiebung durch den Staat normativ zu rechtfertigen sei, obwohl diese doch auch mit privaten Transaktionen bewerkstelligt werden könnte. Ohne sich auf Antworten festzulegen, nennt er Kriterien, anhand derer eine Meritorisierung der außerkonjunkturellen Staatsverschuldung begründet werden könnte. Dies wäre etwa der Fall, wenn die öffentliche Kreditnahme der Korrektur externer Effekte diente oder die Bürger bezüglich ihrer intertemporalen Entscheidungen Informationsmängel hätten. Und eben auch: „Ist die staatliche Kreditaufnahme aus Effizienzgründen geboten, etwa weil der Staat sich zu einem niedrigeren Zinssatz verschulden kann als seine Bürger, so daß er infolgedessen zu einer gesellschaftlichen Wohlfahrtsverbesserung beiträgt?"[5]

Gerade auf die letzte Fragestellung geht Timm in einer noch unveröffentlichten Arbeit ein, die dem Verfasser erst bei Abschluß der vorliegenden Dissertation zugänglich war. Er untersucht, ob die zeitliche Lastverschiebung mit Hilfe öffentlicher Kreditaufnahme der durch private Verschuldung überlegen ist und konstatiert, daß die staatliche Verschuldung gegenüber der privaten einen Effizienzvorsprung hat.[6] Dieser habe seine Ursache in der größeren Bonität des Staates als Schuldner, in der Möglichkeit der Nutzung von economies of large scale und in der Machtstellung des Staates,

---

[4] Gandenberger, O., Thesen, S. 863—864.

[5] Ebenda, S. 864.

[6] Timm, H., a.a.O.

die eine Nutzung angebotsmonopolistischer oder -oligopolistischer Marktmacht der Kreditinstitute verhindere.[7] Wegen dieser Faktoren sei — so Timm — eine Meritorisierung der außerkonjunkturellen Staatsverschuldung grundsätzlich gerechtfertigt.

Vor dem Hintergrund der in unserer Arbeit erzielten Ergebnisse scheint diese normative Schlußfolgerung nicht haltbar. Für den Staat als Kreditnachfrager mögen zwar die Verschuldungsbedingungen im Vergleich zu den Privaten günstiger sein. Ob dieser Vorsprung jedoch an die Privaten weitergegeben werden kann — und nur dies wäre für eine Meritorisierung entscheidend — erscheint als äußerst fraglich. Ein Vergleich der staatlichen mit der privaten Verschuldung unter wohlfahrtstheoretischem Gesichtspunkt kann nicht die Verschuldungsbedingungen von Staat und Privaten gegenüberstellen. Vielmehr sind bei der öffentlichen Verschuldung alle zusätzlichen Kosten und Kreditrisiken, die sich aus der Bereitstellung der Staatsschuld an die Privaten ergeben, miteinzubeziehen. Bei der Privatverschuldung sind diese Kosten der Kredittransformation dagegen bereits im Zinsdifferential zwischen Soll- und Habenzinssatz enthalten. Bei dieser Sicht ist die behauptete Überlegenheit der öffentlichen Kreditnahme über die private wohl eher zu bezweifeln.

Wir können somit als Ergebnis festhalten, daß die öffentliche Kreditnahme grundsätzlich sowohl eine konjunkturelle als auch eine intertemporale Verteilungsfunktion erfüllen kann. Ob sich jedoch eine außerkonjunkturelle Verschuldung und damit die Wahrnehmung der intertemporalen Verteilungsfunktion mit einem Effizienzvorsprung der staatlichen ergegenüber der privaten Verschuldung rechtfertigen läßt, erscheint vor dem Hintergrund der vorliegenden Arbeit fraglich.

---

[7] Ebenda, S. 9 f.

Literaturverzeichnis

Akerlof, G. A.: The Market for „Lemons": Quality Uncertainty and the Market Mechanism, in: Quart. J. Ec., Vol. 84 (1970), S. 488–500

— Reply to Professor Heal, in: Quart. J. Ec., Vol. 90 (1976), S. 503

Arrow, K. J. / *Hahn*, F. H.: General Competitive Analysis, San Francisco / Edinburgh, 1971

Atkinson, A. B. / *Stiglitz*, J. E.: Lectures on Public Economics, Maidenhead, 1980

Baily, M. N.: Stabilization Policy and Private Economic Behavior, in: Brookings Papers on Economic Activity, 1978, S. 11—59

Baltensperger, E.: Credit Rationing — Issues and Questions, in: J. Mon. Cred. Bank., Vol. 10 (1978), S. 170—183

Barro, R. J.: Are Government Bonds Net Wealth?, in: J. Pol. Ec., Vol. 82 (1974), S. 1095—1117
(Zitierweise: Government Bonds)

— Reply to Feldstein and Buchanan, in: J. Pol. Ec., Vol. 84 (1976), S. 343—349
(zitierweise: Reply)

— Comment from an Unreconstructed Ricardian, in: J. Mon. Ec., Vol. 4 (1978), S. 569—581

— On the Determination of the Public Debt, in: J. Pol. Ec., Vol. 87 (1979), S. 940—971

— Public Debt and Taxes, in: Barro, R. J. (Hrsg.), Money, Expectations, and Business Cycles, New York 1981, S. 227—241
(Zitierweise: Public Debt)

— The Equilibrium Approach to Business Cycles, in: Barro, R. J. (Hrsg.), Money, Expectations, and Business Cycles, New York 1981, S. 41—78

Baum, T. M.: Staatsverschuldung und Stabilisierungspolitik in der Demokratie, Frankfurt am Main 1982

Blinder, A. S. / *Solow*, R. M.: Does Fiscal Policy Matter?, in: J. Publ. Ec., Vol. 2 (1973), S. 319—337

Brennan, G. / *Buchanan*, J. M.: The Logic of the Ricardian Equivalence Theorem, in: Finanzarchiv, N. F. Bd. 38 (1980), S. 4—16

Buchanan, J. M.: Public Principles of Public Debt, Homewood, Ill. 1958
(Zitierweise: Public Principles)

— Barro on the Ricardian Equivalence Theorem, in: J. Pol. Ec., Vol. 84 (1976), S. 337—342

— / *Wagner*, R. E.: Democracy in Deficit, New York/San Francisco/London 1977

Buiter, W. H. / *Tobin*, J.: Debt Neutrality: A Brief Review of Doctrine and Evidence, in: von Furstenberg, G. M. (Hrsg.), Social Security versus Private Saving, Cambridge, Mass. 1979, S. 39—63

Cavaco-Silva, A. A.: Economic Effects of Public Debt, New York 1977

Deutsche Bundesbank: Monatsberichte der deutschen Bundesbank, 35. Jg., Nr. 1, Jan. 1983

Domar, E. D.: The „Burden of the Debt" and the National Income, in: Am. Econ. Rev., Vol. 34 (1944), S. 798—827

O'Driscoll, G. P.: The Ricardian Nonequivalence Theorem, in: J. Pol. Ec., Vol. 85 (1977), S. 207—210

Eklund, R. B. / *Crain*, W. M.: Deficits and Democracy, in: S. Ec. J., Vol. 44 (1978), S. 813—828

Esposito, L.: Effect of Social Security on Saving: Review of Studies Using US Time Series Data, in: Social Security Bulletin, Vol. 41 (1978), S. 9—17

Feldstein, M.: Social Security, Induced Retirement, and Aggregate Capital Accumulation, in: J. Pol. Ec., Vol. 82 (1974), S. 905—926

— Perceived Wealth in Bonds and Social Security: A Comment, in: J. Pol. Ec., Vol. 84 (1976), S. 331—336
(Zitierweise: Perceived Wealth)

— Social Security and Saving: The Extended Life Cycle Theory, in: Am. Econ. Rev., Papers and Proceedings, Vol. 66 (1976), S. 77—86

— Government Deficits and Aggregate Demand, in: J. Mon. Ec., Vol. 9 (1982), S. 1—20
(Zitierweise: Government Deficits)

Flemming, J. S.: The Consumption Function when Capital Markets are Imperfect: the Permanent Income Hypothesis Reconsidered, in: Ox. Ec. Pap., Vol. 25 (1973), S. 160—172

Friedman, M.: A Theory of the Consumption Function, Princeton 1957

Furstenberg, G. M. von (Hrsg.): Social Security versus Private Saving, Cambridge, Mass. 1980

Gandenberger, O.: Ist es möglich, durch die Aufnahme von öffentlichem Kredit die Last einer Ausgabe in die Zukunft zu verschieben?, in: Jahrbücher für Sozialwissenschaft, Bd. 21 (1970), S. 87—98

— Zur Rationalität der öffentlichen Kreditnahme, in: Finanzarchiv, N. F. Bd. 30 (1972), S. 369—391
(Zitierweise: Rationalität)

— Grenzen der Staatsverschuldung: Theoretische Erkenntnisse und Anwendung auf die Situation in der Bundesrepublik Deutschland, in: Beihefte der Konjunkturpolitik, Heft 27 (1980), S. 9—18

— Theorie der öffentlichen Verschuldung, in: HdF, 3. Aufl. Bd. 3, Tübingen 1980, S. 3—49

— Thesen zur Staatsverschuldung, in: Hansmeyer, K. H. (Hrsg.), Staatsfinanzierung im Wandel, Berlin 1983, S. 843—865
(Zitierweise: Thesen)

Gersovitz, M.: Economic Consequences of Unfunded Vested Pension Benefits, in: J. Publ. Ec., Vol. 19 (1982), S. 171—186

Gultekin, N. B. / *Logue*, D. E.: Social Security and Personal Saving: Survey and New Evidence, in: Furstenberg, G. M. von (Hrsg.), Social Security versus Private Saving, Cambridge, Mass. 1979, S. 65—132

Hahn, F.: Money and Inflation, Oxford 1982

Heller, W. P. / *Starr*, R. M.: Capital Market Imperfection, the Consumption Function, and the Effectiveness of Fiscal Policy, in: Quart. J. Ec., Vol. 94 (1978), S. 455—463

Holcombe, R. G. / *Jackson*, J. D. / *Zardkoodhi*, A.: The National Debt Controversy, in: Kyklos, Vol. 34 (1981), S. 186—202

Jaffee, D. M. / *Modigliani*, F.: A Theory and Test of Credit Rationing, in: Am. Ec. Rev., Vol. 59 (1969), S. 850—872

Jaffee, D. M. / *Russell*, T.: Imperfect Information, Uncertainty, and Credit Rationing, in: Quart. J. Ec., Vol. 90 (1976), S. 651—666

Kantor, B.: Rational Expectations and Economic Thought, in: J. Econ. Lit., Vol. 17 (1979), S. 1422—1441

Kath, D.: Die Zins- und Laufzeitstruktur der finanziellen Märkte in der Bundesrepublik Deutschland, in: Ehrlicher, W., Simmert, D. B. (Hrsg.), Geld- und Währungspolitik in der Bundesrepublik Deutschland, Beihefte zu Kredit und Kapital, Heft 7, Berlin 1982, S. 319—336

Koskela, E.: A Study of Bank Behavior and Credit Rationing, Academia Scientiarum Fennica, Helsinki 1976

Lindbeck, A.: The „New" Theory of Credit Control in the United States, 2. Aufl., Stockholm u. a. 1962

Mishan, E. J.: How to Make a Burden of the Public Debt, in: Ferguson, J. M. (Hrsg.), Public Debt and Future Generations, Chapel Hill 1964, S. 184—203

Modigliani, F.: Long-Run Implications of Alternative Fiscal Policies and the Burden of the National Debt, in: Ferguson, J. M. (Hrsg.), Public Debt and Future Generations, Chapel Hill 1964, S. 107—138

— *Brumberg*, R. E.: Utility Analysis and the Consumption Function: An Interpretation of Cross Section Data, in: Kurihara, K. K. (Hrsg.), Post Keynesian Economics, Brunswick, N. J. 1954, S. 388—436

Mückl, W. J.: Ein Beitrag zur Theorie der Staatsverschuldung, in: Finanzarchiv, N. F. Bd. 39 (1981), S. 255—278

Munnell, A. H.: The Effect of Social Security on Personal Saving, Cambridge, Mass. 1974

Musgrave, R. A.: Finanztheorie, 2. Aufl., Tübingen 1969

— Public Finance, now and then, in: Finanzarchiv N. F. Bd. 41 (1983) S. 1—13

Muth, J. F.: Rational Expectations and the Theory of Price Movements, in: Econometrica, Vol. 29 (1961), S. 315—335

Neumann, M. J. M.: Rationale Erwartungen in Makromodellen, in: Zeitschrift für Wirtschafts- und Sozialwissenschaften, Bd. 99 (1979), S. 374—401

Niehans, J.: Theorie des Geldes, Bern/Stuttgart 1980

Pesek, B. P. / *Saving*, Th. R.: Money, Wealth, and Economic Theory, 3. Aufl., New York/London 1969

Phelps, E. S.: The New Microeconomics in Inflation and Employment Theory, in: Am. Econ. Rev., Papers and Proceedings, Vol. 59 (1969), S. 147—160

Plosser, Ch. I.: Government Financing Decisions and Asset Returns, in: J. Mon. Ec., Vol. 9 (1982), S. 325—352

Pommerehne, W. W. / *Schneider*, F.: Fiscal Illusion, Political Institutions, and Local Public Spending, in: Kyklos, Vol. 31 (1978), S. 381—408

Puviani, A.: Teoria dell'Illusione Finanziara, Mailand u. a. 1903; dt. Übersetzung: Die Illusionen in der öffentlichen Finanzwirtschaft, herausgegeben von G. Schmölders, Berlin 1960

Räth, N.: Die Zwangsanleihe als finanzpolitisches Instrument, St. Gallen 1980

Ricardo, D.: On the Principles of Political Economy and Taxation, in: Sraffa, P. (Hrsg.), The Works and Correspondence of David Ricardo, Vol. I, Cambridge 1951; dt. Übersetzung: Grundsätze

der politischen Ökonomie und der Besteuerung, herausgegeben von F. Neumark, Frankfurt 1972
(Zitierweise: Grundsätze)

— Funding System, in: Sraffa, P. (Hrsg.), The Works and Correspondence of David Ricardo, Vol. IV, Cambridge 1951, S. 149—200; dt. Übersetzung: Untersuchung über das Anleihesystem, in: Diehl, K., Mombert, P. (Hrsg.), Das Staatsschuldenproblem, Karlsruhe 1923, S. 94—143
(Zitierweise: Untersuchung)

Roosa, R. V.: Interest Rates and the Central Bank, in: Money, Trade, and Economic Growth: Essays in Honor of John H. Williams, New York 1951, S. 270—295

Sachverständigenrat zur Begutachtung der gesamtwirtschaftlichen Entwicklung: Jahresgutachten 1982/83

Schlothauer, K.-H.: Inflationserwartungen, Hamburg 1981

Schmah, U.: Der Einkommensredistributionseffekt der Anleihefinanzierung bei unterschiedlichen Zeitpräferenzen, in: Finanzarchiv, N. F. Bd. 26 (1967), S. 232—237

Schmidtchen, D.: Tricks und Täuschungen als Mittel der Wirtschaftspolitik? — Die Sicht der Theorie rationaler Erwartungen —, in: Woll, A. (Hrsg.), Aktuelle Wege der Wirtschaftspolitik, Schriften des Vereins für Socialpolitik, N. F. Bd. 130 (1983), S. 79—125

Shoup, C. S.: Debt Financing and Future Generations, in: Ferguson, J. M. (Hrsg.), Public Debt and Future Generations, Chapel Hill 1964, S. 204—218

Smyth, D. J.: Can ‚Automatic Stabilizers' be Destabilizing? in: Public Finance, Vol. 18 (1963), S. 357—364

Spence, M.: Informational Aspects of Market Structure: An Introduction, in: Quart. J. Ec., Vol. 90 (1976), S. 591—597

Stevens, N. A.: Government Debt Financing — Its Effects in View of Tax Discounting, in: Federal Reserve Bank of St. Louis Review, Vol. 61 (1979), S. 11—19

Stiglitz, J. E. / *Weiss*, A.: Credit Rationing in Markets with Imperfect Information, in: Am. Econ. Rev., Vol. 71 (1981), S. 393—410

Timm, H.: Zeitliche Lastenverschiebung durch Staatsverschuldung oder Privatverschuldung?, Vortrag gehalten am 29. 7. 1983 auf einer Feier der Deutschen Bundesbank zum 70. Geburtstag von Frau W. Dreißig, unveröffentlichtes Manuskript

Tobin, J.: Money, Capital, and other Stores of Value, in: Am. Econ. Rev., Papers and Proceedings, Vol. 51 (1961), S. 26—37

— Comment from an Academic Scribbler, in: J. Mon. Ec., Vol. 4 (1978), S. 617—625

— Grundsätze der Geld- und Staatsschuldenpolitik, Baden-Baden 1978
(Zitierweise: Grundsätze)

— Asset Accumulation and Economic Activity, Oxford 1980
(Zitierweise: Asset)

— *Buiter,* W., Fiscal and Monetary Policies, Capital Formation, and Economic Activity, in: Furstenberg, G. M. von (Hrsg.), The Government and Capital Formation, Cambridge, Mass. 1980, S. 73—174

De Viti de Marco, A.: Grundlehren der Finanzwirtschaft, Tübingen 1932; überarbeitete und erweiterte Fassung von: I primi principii dell'Economia finanziara, Rom 1928

Wagner, R. E.: Revenue Structure, Fiscal Illusion, and Budgetary Choice, in: Public Choice, Vol. 25 (1976), S. 45—61

Walters, A. A.: How to Make a Benefit of the Burden of National Debt, in: Nat. Tax J., Vol. 20 (1967), S. 316—318

Webb, D. C.: The Net Wealth Effect of Government Bonds when Credit Markets are Imperfect, in: Ec. J., Vol. 91 (1981), S. 405—414
(Zitierweise: The Net Wealth Effect)

— Default Risk in a Model of Corporate and Government Finance, in: J. Publ. Ec., Vol. 17 (1982), S. 287—306
(Zitierweise: Default Risk)

Weizsäcker, C. C. von: Intergenerationelle Einkommensverteilung: Einfache Beispiele für Wirkungen steuerlicher Maßnahmen und für die optimale Steuerstruktur, in: Bombach, G., Frey, B. S., Gahlen, B. (Hrsg.), Neue Aspekte der Verteilungstheorie, Tübingen 1974, S. 211—246

Ziffzer, S.: Ökonomische Grenzen der staatlichen Kreditaufnahme, Berlin 1980

VERÖFFENTLICHUNGEN DES FORSCHUNGSINSTITUTS FÜR WIRTSCHAFTSPOLITIK AN DER UNIVERSITÄT MAINZ

1. **Falsch und richtig planen.** Von Erich Welter.
2. **Schiene und Straße.** Von Walter Hamm.
3. **Patient — Arzt — Kasse.** Von Werner Bosch.
4. **Die Saarfrage.** Von Werner Bosch.
5. **Investitionslenkung.** Von Ernst-Günter Vetter.
6. **Kollektivmonopole.** Von Werner Fricke.
7. **Die Drucksache.** Von Werner Fricke.
8. **Marktwirtschaft — Befehlswirtschaft.** Von Werner Bosch.
9. **Kollektiveigentum.** Von Walter Hamm.
10. **Der Staat als Kunde.** Von Erich Welter.
11. **Konstruktions- und Entwicklungsaufträge.** Von Armin Gutowski.
12. **Der Kostenpreis bei öffentlichen Aufträgen.** Von Helmut Diederich.
13. **Zentralisierung und Dezentralisierung des öffentlichen Einkaufs.** Von Werner Fricke.
14. **Die Ausschreibung.** Von Otto Gandenberger.
15. **Wirtschaftliche Weinbaupolitik.** Von Armin Gutowski.
16. **Was ist ein Unternehmen?** Von Otto Gandenberger.
17. **Preise als verkehrspolitisches Ordnungsinstrument.** Von Walter Hamm.
18. **Die gemeinwirtschaftlichen Grundsätze in der Tarifpolitik der Deutschen Bundespost.** Von German Wegmann.
19. **Vermögensstreuung.** Von Werner Bosch.
20. **Der Konsument und seine Vertretung.** Von Christa von Braunschweig.
21. **Verkehrspolitik in der SBZ.** Von Horst Demmler.
22. **Branchenbesonderheiten.** Von Hans H. Scheib.
23. **Verkehrswissenschaft.** Von A. F. Napp-Zinn.
24. **Das Finanzmonopol.** Von Otto Gandenberger.
25. **Konjunkturpolitik mit Fernmeldeinvestitionen?** Von Horst Schwedes.

26. **Kapazitätsabbau mit Staatshilfe.** Von Konrad Schulze-Gisevius.
27. **Der Bund am Kapitalmarkt.** Von Horst Schwedes.
28. **Politische Ökonomie staatlicher Preisinterventionen.** Von Dieter Schmidtchen.
29. **Binnenwasserstraßenpolitik.** Von Walter Hamm und Wolfgang Neumann.
30. **Das „Gemeinnützige Unternehmen" als Instrument der Wohnungspolitik.** Von Werner Nowak.
31. **Staatliche Regelungen für Immobilienmakler.** Von Günter Bonnet.
32. **Kassenpraxis und Privatpraxis.** Von Ulf Böge.
33. **Die Arzneimittelversorgung durch Apotheken.** Von Matthias J. Berger.
34. **Staatliche Preisaufsicht in der Kraftverkehrsversicherung.** Von Ulrich Rosenkranz.
35. **Das Arbeitsvermittlungsmonopol.** Von Gisela Rauschhofer.
36. **Der Wettbewerb in der Düngemittelindustrie der Bundesrepublik Deutschland.** Von Bruno Klein.
37. **Dezentrale Vermögensbildungsfonds.** Von Barbara Toillié.
38. **Gemeinschaftsunternehmen und Wettbewerb.** Von Günther M. Ackermann.
39. **Die Wettbewerbsverhältnisse auf dem Markt für elektronische Datenverarbeitungsanlagen in der Bundesrepublik Deutschland.** Von Andreas Rösner.
40. **Ausschließlichkeitsbindungen im Treibstoffvertrieb.** Von Ulrich Lange.
41. **Wettbewerb und Kapazitätsanpassung.** Von Klaus Opitz.
42. **Ökonomische Grenzen der staatlichen Kreditaufnahme.** Von Stefan Ziffzer.
43. **Öffentliche Investitionen.** Von Barbara Toillié.
44. **Staatliche Schuldscheindarlehen.** Von Claus-Michael Dill.
45. **Die Praxis der Mittelstandskooperationen nach § 5 b GWB.** Von Erwin Herresthal.
46. **Möglichkeiten einer verstärkten Verlagerung öffentlicher Dienstleistungen auf freiberuflich Tätige.** Von Christine Picht.

Die Bände 1 bis 24 sind im Verlag Quelle & Meyer, Heidelberg, erschienen. Ab Band 25 erscheint die Schriftenreihe im Verlag Duncker & Humblot, Berlin.

Öffentliche Finanzwirtschaft und Verteilung. I: Hrsg. von W. Albers. 164 S. 1974. DM 36,60; II: Hrsg. von W. Albers. 144 S. 1974. DM 38,60; III: Hrsg. von W. Dreißig. 82 S. 1975. DM 26,60; IV: Hrsg. von W. Dreißig. 150 S. 1976. DM 42,50; V: Hrsg. von W. Dreißig. 202 S. 1977. DM 59,80.

Probleme des Finanzausgleichs. I: Hrsg. von W. Dreißig. 175 S. 1978. DM 56,60; II: Hrsg. von D. Pohmer. 220 S. 1980. DM 78,60.

Vom Gelde. (A Treatise on money). Von J. M. Keynes. 3., unveränderte Aufl. XX, 635 S. 1983. Ln. DM 96,—.

Probleme der Staatsverschuldung. Hrsg. von H. Haller und W. Albers. 214 S. 1972. DM 48,60.

Staatshaushalt und Strategie. Eine Theorie des öffentlichen Gutes aus neuen methodischen Ansätzen. Von H. Schleicher. 330 S. 1971. DM 68,60

Koordination des Einsatzes geld- und finanzpolitischer Instrumente. Von K. Socher. 140 S. 1971. DM 32,60.

Probleme der mehrjährigen öffentlichen Finanzplanung. Von K. Gresser. 255 S. 1974. DM 66,60.

Öffentliche Infrastruktur oder privates Vermögen. Die vermögenswirksame Schuldenpolitik als Mittel zur Lösung eines Zielkonflikts. Von K. Bartel. 229 S. mit 19 Tab. und 5 Übers. 1975. DM 68,—.

Investitionsorientierte Fiskalpolitik. Eine Effizienzanalyse mit Hilfe investitionstheoretischer Ansätze. Von A. Siedenberg. IX, 328 S. 1976. DM 44,60.

Erfolgskontrolle finanzpolitischer Stabilisierungsmaßnahmen. Von J.-G. Grunwald. 452 S. 1977. DM 64,—.

Die Beurteilung öffentlicher Investitionen unter Unsicherheit. Von H. Ziegelschmidt. 236 S. 1977. DM 38,—.

Zur Schätzung und Beurteilung konjunktureller Wirkungen öffentlicher Haushalte. Von R. Lenk. 281 S. 1979. DM 96,—.

DUNCKER & HUMBLOT / BERLIN